1395/2002

Herausgegeben vom
Auswertungs- und Informationsdienst
für Ernährung, Landwirtschaft
und Forsten (aid) e. V.
Friedrich-Ebert-Straße 3, 53177 Bonn
Internet: http://www.aid.de
E-Mail: aid@aid.de
mit Förderung durch das
Bundesministerium für Verbraucher-schutz, Ernährung und Landwirtschaft

und unter Mitwirkung des Bundesinstituts für gesundheitlichen Verbraucherschutz und Vetrinärmedizin.
Die inhaltliche Gesamtverantwortung liegt – unbeschadet möglicher Kooperationen – allein beim aid.

Text:
Dr. habil. Horst Liebenow, Berlin, unter Mitarbeit von Peter Menzel, Bad Bodendorf, zu gärtnerischen Aspekten.

Redaktion:
Dr. Joachim Engelberth, aid

Bilder:
Archiv Garten und Pflanze/Moethe 26
Liebenow 1, 3, 4, 7, 8, 10, 11, 12, 13, 14, 15, 16, 17, 18, 19, 20, 21, 22, 23, 24, 25, 27, 29, 30, 32, 33, 34, 41, 43, 45, 47, 48, 54, 56, 58, 60, 62, 63, 68, 70, 74, 80, 88, 89, 90, 97, 99, 100, 103, 104, 105, 113, 114, 115, 116, 118, 119, 120, 121
Menzel 117
Pretscher 2, 5, 6, 28, 31, 35, 39, 40, 42, 44, 46, 49, 50, 51, 52, 53, 55, 57, 59, 61, 64, 65, 69, 71, 72, 73, 76, 77, 78, 79, 81, 82, 84, 87, 91, 92, 93, 94, 95, 96, 98, 101, 102, 106, 107, 110, 111, 112
Seitz 9, 36, 37, 66, 67, 75, 83, 85, 86, 108, 109

Grafik und Lithographie:
R&R Pre-Press Agentur
R&R Communications GmbH
Kolpingstr. 1, 69181 Leimen

Druck:
Rohr Druck
Mainzer Str. 105, 67657 Kaiserslautern

ISBN 3-8308-0212 9

Inhalt

Danksagung

Herrn Dr. med. Axel Hahn, Leiter der „Zentralen Erfassungsstelle für Vergiftungen, gefährliche Stoffe und Zubereitungen, Umweltmedizin" im Bundesinstitut für gesundheitlichen Verbraucherschutz und Veterinärmedizin, Berlin, danken wir besonders für die kritischen Hinweise zu den Symptomen und ärztlichen Maßnahmen.

Vorwort

Auf schnelle und unkomplizierte Art will die Broschüre dazu beitragen, Giftpflanzen zu erkennen und diese von ähnlichen, auch ungiftigen Pflanzen zu unterscheiden. Unter Ärzten, Eltern, Erziehern und Gartenfreunden besteht in unserer Industriegesellschaft infolge geringer Pflanzenkenntnis häufig große Unsicherheit hinsichtlich der möglichen Giftwirkung einheimischer oder eingeführter Pflanzen. Die Abbildungen und Texte sollen helfen, giftige Pflanzen in Wohnungen, Hausgärten und öffentlichen Anlagen zu erkennen und durch die Hinweise zu den giftigen Wirkstoffen, zur Toxikologie und Symptomatik dazu beitragen, gesundheitliche Gefahren abzuwenden.

In der Broschüre wird von jeder Freiland-Pflanze meist die Wildart beschrieben. Da in Gärten und öffentlichen Grünanlagen oftmals Kultursorten mit geringeren Mengen an giftigen Inhaltsstoffen angepflanzt werden, erfolgen dazu Hinweise.

Während einige Pflanzen wie Eibe, Maiglöckchen oder Fingerhut als giftig bekannt sind, trifft dies für andere wie Heckenkirsche oder Schneeball weniger zu. Diese Unsicherheit kann dazu führen, dass diese Pflanzen als giftiger eingestuft werden als sie sind und unter Umständen aus Vorsicht – selbst ärztlicherseits – nicht erforderliche Maßnahmen und Ängste daraus folgen.

Einige Pflanzen führen u. a. durch Hautkontakt zu „Allergien“, auf die in der Broschüre hingewiesen wird.

Aus der neueren Literatur und den Erfahrungen der jahrelangen Dokumentation in den Giftinformationszentralen geht hervor, dass Gesundheitsschäden auch durch hoch giftige Pflanzen verhältnismäßig gering sind, wenn eine schnelle ärztliche Behandlung einsetzt. Nur etwa 10 % aller Anfragen in Giftinformationszentralen betreffen Pflanzen, von denen wiederum nur ein Teil zu Vergiftungen führte.

Ein besonderes Problem stellt in letzter Zeit der Missbrauch von Engelstrompete (*Brugmansia-Arten*) und Stechapfel (*Datura-Arten*) durch Jugendliche dar. Zahlreiche schwere Vergiftungen sind das Ergebnis solcher aus Neugierde oder anderen Beweggründen vorgenommenen Experimente.

Die Broschüre soll aber auch die Freude am Erkennen der häufig aparten Vertreter von Giftpflanzen wecken. Unter keinen Umständen ist sie als Aufruf zum Ignorieren solcher Giftpflanzen zu verstehen! Die Broschüre soll helfen, mit unseren Garten- und Zimmerpflanzen durch Kenntnisse ohne Furcht umzugehen.

Einleitung

Die Auswahl der Giftpflanzen ist in Anbetracht des vorgegebenen Umfangs der aid-Broschüre auf wesentliche Vertreter im Wohnbereich wie Zimmer, Wintergärten, Balkone oder Terrassen und Gartenanlagen wie Hausgärten, öffentliche Grünanlagen und Parks begrenzt. Ausführlich beschrieben und abgebildet werden 58 Pflanzen, die beim Menschen zu Vergiftungen führen können. Besonders unsere Kinder werden immer wieder durch die häufig äußerst attraktiven Blüten und Früchte vieler Zierpflanzen zum Naschen verführt. Aber auch mancher Erwachsene lässt – sei es durch Unkenntnis oder Gleichgültigkeit – die erforderliche Sorgfalt beim Umgang mit den Pflanzen vermissen. Die Broschüre soll aber auch zur Freude und Entspannung durch die vielen aparten Blütenpflanzen für Haus und Garten beitragen.

In diesem Heft wird nicht auf die Giftigkeit (Toxizität) der Pflanzen für Tiere eingegangen, die sich von der des Menschen beachtlich unterscheiden kann. So fressen Vögel Beeren des Efeus, Wühlmäuse die Zwiebeln der Kaiserkrone – um nur einige Beispiele zu nennen – ohne Schaden zu nehmen.

Die einzelnen Pflanzen sind in den beiden Teilen – Wohnbereich (Zimmer- und Balkonpflanzen) und Garten- und Parkanlagen (Freilandpflanzen) – jeweils alphabetisch nach den gebräuchlichen deutschen *Namen* angeordnet. Darunter, in Kursivdruck, stehen der wissenschaftliche Name und außerdem ggf. weitere deutsche Bezeichnungen. Über den Namen wird die Familienzugehörigkeit angegeben. Wildwachsende Pflanzen sind generell geschützt, soweit sie nach Bundesartenschutz VO besonders geschützt sind, wird im Text darauf hingewiesen. Der Schutz gilt aber nur für die wildwachsenden Exemplare. Auch Hobbygärtner sollten beachten, dass besonders diese Pflanzen nicht ausgegraben werden dürfen. Außerdem sind die kultivierten Pflanzen aus Gärtnereien besser den Gegebenheiten im Garten angepasst.

Die *Giftigkeit (Toxizität)* der ausführlich beschriebenen Pflanzen wird durch Kreuze ausgewiesen.

Es bedeuten:

⊕⊕⊕ schwere bis tödliche Vergiftungen durch die Pflanze sind möglich;
⊕⊕ Vergiftungen mit weniger schwerem Verlauf durch die Pflanze sind möglich;
⊕ leichte Vergiftungen durch die Pflanze sind möglich.

Für den *Verlauf der Vergiftungen* sind folgende Faktoren entscheidend:

- wurde die ursprüngliche Pflanze (Wildform) oder eine der häufig mindergiftigen Gartenformen (Sorten, Hybriden) aufgenommen?
- Welche Pflanzenteile und -mengen wurden aufgenommen?
- Zu welcher Jahreszeit wurden Pflanzenteile aufgenommen, da Giftgehalte junger und alter Pflanzen unterschiedlich sein können?
- Zu welchem Zeitpunkt nach der Pflanzenaufnahme erfolgte die Konsultation eines Giftinformationszentrums (s. S. 83), Arztes oder die Inanspruchnahme eines Notarztes?

Kirschlorbeer

Wandelröschen

Im weiteren begleitenden Text zu den Abbildungen wird zunächst über das *Vorkommen* der Giftpflanzen berichtet. Bei Zimmerpflanzen erfolgt eine Angabe zu ihrem ursprünglichen Vorkommen, der Heimat der Pflanzen. Einige Pflanzen entwickeln sich im Sommer (ohne Frostgefährdung) gut im Freien, so sind Vertreter dabei, die sowohl im Balkonkasten, in Kübeln auf Terrassen oder auch im Hausgarten ausgepflanzt werden können, dann aber wieder ein geschütztes Winterquartier erhalten müssen.

Giftige Pflanzen, die wild in Mitteleuropa vorkommen, ob als Wegrandbegleiter, als Unkraut im Garten, an Bachufern, im Wald oder auf Wiesen werden einschließlich ihres Zierwertes erwähnt.

Die *„Beschreibung“* der Pflanzen beginnt mit der Wuchsform und Größe, es folgen Angaben zu den Blättern, Blüten und Früchten sowie dem Blüh- und Fruchttermin, der nach Standort- und anderen Umweltbedingungen variieren kann. Da der Blühtermin bei Zimmerpflanzen gärtnerischerseits beeinflussbar ist, wurde dort auf diese Angabe verzichtet.

Als *„Ähnliche Vertreter“* werden Pflanzen genannt, die enge verwandtschaftliche Beziehungen aufweisen, wie weitere Arten einer Gattung oder auch weitere Gattungen der Familie, die in ihrer Toxizität der oben angeführten Pflanze entsprechen.

Kulturformen der beschriebenen Art werden ebenfalls erwähnt. Die einzelnen Sorten/Hybriden zu nennen, würde den Rahmen der Broschüre sprengen, dazu gibt es ausgezeichnete Spezialliteratur, s. S. 72.

Soweit bekannt, wird auf die vergleichbare (ähnliche oder abweichende) Toxizität der Kulturform hingewiesen. Sind Wild- und Kulturform im Aussehen nicht zu unterscheiden, gilt die Toxizität der ausführlich beschriebenen Art. Um nach Pflanzenaufnahme evtl. zu erwartende Vergiftungserscheinungen nicht zu bagatellisieren, ist generell die Arztvorstellung erforderlich.

In dem sich anschließenden Unterpunkt *„Giftige Teile“* werden die Pflanzenteile mit dem höchsten Gehalt an giftigen Wirkstoffen, z. B. in Blüten oder Früchten, angeführt. Geringere Mengen an giftigen Substanzen können dann aber auch in den unerwähnt gebliebenen Pflanzenteilen, wie Wurzeln oder Blättern, enthalten sein.

Unter *„Giftige Wirkstoffe und Toxizität“* werden die giftigen Wirkstoffe der Pflanze erwähnt, die nach dem Essen von Beeren oder anderen Pflanzenteilen sowie durch Einwirkung auf die Haut, z. B. als Milchsaft, zu Krankheitserscheinungen (Symptomen) führen können. Ohne chemische Einzelheiten werden die wichtigsten Stoffgruppen mit kurzen Erläuterungen aufgeführt. Soweit bekannt, sind in diesem Abschnitt auch die Konzentrationen der Giftstoffe in den Pflanzenteilen vermerkt, sowie die Mengen an

Amerikanische Kermesbeere (Phytolacca americana)

Pflanzenteilen (z. B. Anzahl der Beeren), die für den Menschen giftig (toxisch) sind. Soweit die Giftigkeit nur zu bestimmten Zeiten in der Entwicklung der Pflanze besteht, wird darauf hingewiesen.

Nun zu den Stoffgruppen der giftigen Inhaltsstoffe in den Pflanzen:

- *Ätherische Öle:* Die Mehrzahl enthält Monoterpene (s. dort) neben vielen anderen unterschiedlichen Verbindungen. Erst größere Mengen in Abhängigkeit von der qualitativen Zusammensetzung führen zu Krankheitserscheinungen. Im Vordergrund steht die Heilwirkung (z. B. Kamille) oder die Verwendung als Gewürz (z. B. Thymian, Dill).

- *Alkaloide:* Stickstoffhaltige komplizierte organische Verbindungen mit unterschiedlicher Giftwirkung. Bekannte Alkaloide sind das Nikotin des Tabaks und das Koffein des Kaffees. Folgende Gruppen werden erwähnt:
  - die Chinolizidin-Gruppe mit z. B. dem Cytisin des Goldregens
  - die Indol-Gruppe mit z. B. dem Vinblastin des Madagaskar-Immergrüns
  - die Piperidin-Gruppe mit z. B. dem Coniin des Gefleckten Schierlings
  - die Steroid-Gruppe mit z. B. dem Cyclobuxin des Buchsbaums
  - die Terpen-Gruppe mit z. B. dem Aconitin des Eisenhuts als Diterpen-Alkaloid
  - die Tropan-Gruppe mit z. B. dem Atropin der Tollkirsche
  - die Tropolon-Gruppe mit z. B. dem Colchicin der Herbst-Zeitlose

- *Anthracenabkömmlinge:* Sie enthalten ein kompliziertes Ringsystem und begegnen uns u. a. in frischer Faulbaumrinde zunächst als Anthranol-Glykosid.

- *Furanocumarine:* Sie sind maßgeblich an der Ausbildung schwerer Hautschäden, z. B. in Verbindung mit Licht zur Phytophotodermatitis durch das Herkuleskraut, beteiligt.

- *Glykoside:* Verbindungen aus Zucker, z. B. Traubenzucker, und einem nicht zuckerartigen Baustein, der als Aglykon bezeichnet wird. Als Aglykon können Alkaloide, Blausäure, Saponine, Steroide u.a. dienen.
  - Blausäurehaltige Glykoside: Die Blausäure als Aglykon, z. B. im Kirschlorbeer, ist an einen Zucker gebunden. Eine Freisetzung lebensbedrohlicher Blausäure, deren Symptome einen Notarzt-Einsatz erfordern, erfolgt erst nach gründlichem Zerkauen vieler Samen der schwarzen Steinfrüchte oder nach dem Essen vieler Blätter. Keine lebensbedrohliche Blausäuremenge wird nach Aufnahme weniger Früchte und unzerkauter Samen freigesetzt.
  - Herzwirksame Glykoside mit Kardenolidstruktrur: Der Zucker ist z. B. im Fingerhut-Glykosid Digitoxin an ein Steroid als Aglykon gebunden. Gleiches Prinzip auch bei den Maiglöckchen-Glykosiden. Eine Bufadienolid-Struktur liegt z. B. bei den Glykosiden der Meerzwiebel vor.

- *Polyine:* Hochgiftige Verbindungen aus Kohlenstoff und Wasserstoff (Polyacetylene), z. B. das Cicutoxin des Wasserschierlings.

- *Protoanemonin:* Enthalten als stark hautreizendes Glykosid u. a. im Gift-Hahnenfuß, das

Dieffenbachie

beim Trocknen in das weitestgehend ungiftige Anemonin übergeht.

- *Saponine:* In wässriger Lösung stark schäumende Substanzen, die zur Reizung der Schleimhäute in Mund, Rachen und Magen führen können. Als Aglykon kann ein Steroid, Steroid-Alkaloid oder Triterpen vorkommen. Entsprechende Verbindungen in der Christrose, dem Efeu u. a.

- *Terpene:* Komplizierte Verbindungen aus Kohlenstoff und Wasserstoff, die als Monoterpene z. B. in ätherischen Ölen (s. dort), als Diterpene wie Mezerein im Seidelbast und als Triterpene wie die Lantadene im Wandelröschen vorkommen.

- *Toxalbumine:* Hochgiftige komplizierte Eiweißverbindungen wie z. B. das Rizin im Rizinus.

- *Tuliposide:* Komplizierte Verbindungen, vorwiegend in den Tulpen.

- *Sonstige giftige Inhaltsstoffe:* Vorwiegend die Oxalsäure mit ihren Verbindungen wie z. B. in der Dieffenbachie und im Aronstab. Chinonabkömmlinge wie das Primin der Becher-Primel. Häufig chemisch unbekannte Verbindungen, die als Scharf- und Bitterstoffe bezeichnet werden.

Unter *Symptome* werden die nach der Aufnahme von Pflanzen mit giftigen Wirkstoffen zu erwartenden Krankheitserscheinungen beschrieben. Das Gesundheitsrisiko durch aufgenommene giftige Pflanzen ist gering im Vergleich zu irrtümlich aufgenommenen Haushaltsprodukten, Chemikalien zur Unkraut- und Schädlingsbekämpfung usw. Die häufigsten Symptome nach Pflanzenaufnahme äußern sich als Schleimhautreizungen in Mund, Rachen und Magen. Übelkeit, Erbrechen und Durchfall können folgen. Je nach Giftigkeit der Pflanzen können Beeinträchtigungen von Herz, Kreislauf, Nervensystem, Lunge und Leber die Krankheitserscheinungen verschlimmern.

Besonders in den Sommer- und Herbstmonaten sind *vorwiegend Kinder* gefährdet, da viele Blüten und Früchte mit großer Farbenpracht zum Kosten verleiten. Aber auch die abwechslungsreichen, aparten Gestecke in der Weihnachtszeit sind verführerisch. Während im ersten Lebensjahr oft von Teilen der Zimmerpflanzen „probiert" wird, entdecken die Kinder mit zuneh-

Tulpen

Goldregen

mendem Aktionsradius „rote" Früchte, und im Kindergartenalter auch unscheinbarere Früchte, wie z. B. die des Goldregens.

In der Broschüre wird ausführlich auf Pflanzen eingegangen, die Symptome wie Hautrötung, -ausschlag, Juckreiz, Bläschen- und Blasenbildung bei äußerer Einwirkung, besonders durch den Milch- oder Pflanzensaft, bewirken. *Bade-, Phytophoto- und Primeldermatitis* sowie *Tulpenkrätze* finden neben möglicher Haut- und Augenreizung durch Pollen und Holzstaub Erwähnung, womit jedoch das „Allergieproblem" im Rahmen dieser Broschüre nicht ausreichend behandelt werden kann und daher mit dem Facharzt zu diskutieren ist, da hier auch persönliche Disposition und Umstände eine wichtige Rolle spielen.

Selbstverständlich müssen alle die Gesundheit beeinträchtigenden Krankheitserscheinungen ärztlich behandelt werden nach dem Motto: je schneller desto besser. Die überragende Bedeutung des Zeitfaktors zur Einschränkung von Symptomen unterstreicht der häufige Hinweis, dass selbst hochgiftige Pflanzen nur teilweise zu Krankheitserscheinungen führten, wie z. B. der Eisenhut in nur etwa 25 % der Vergiftungsfälle. *Die giftigste aufgenommene Pflanze kann bei rechtzeitiger ärztlicher Hilfe weitestgehend „ungiftig" wirken!*

Die Erste Hilfe durch den Laien beschränkt sich bewusst auf wenige Maßnahmen wie das Ausspucken von Pflanzenteilen, die Aufnahme von Flüssigkeit (Wasser, Tee, *keinesfalls Milch*, da sie die Giftaufnahme begünstigt) sowie das Reinigen von Hautpartien und Ausspülen der Augen mit fließendem Wasser. Alle weiteren eilfertigen und unbedachten Behandlungsversuche können eine unnötige gesundheitliche Gefährdung bei Kindern und Erwachsenen verursachen! Selbst vermeintlich harmlose Maßnahmen wie Erbrechen auslösen oder die Gabe von Medizinalkohle können bedenkliche Folgen haben, wenn das Erbrochene oder die Medizinalkohle in die Lunge verschluckt wird. Außerdem ist mit dem Finger oder Löffelstiel ausgelöstes Erbrechen sowieso uneffektiv und *Kinder dürfen auf gar keinen Fall mit Salzwasser* zum Erbrechen gebracht werden, da dadurch *Todesfälle* auftreten können!

Garten-Herbst-Zeitlose

Maiglöckchen

Da der Laie in der Regel die aufgenommene Pflanze nicht ausreichend bestimmt, er aber davon ausgeht, dass giftige Pflanzenteile verzehrt wurden, sollte in jedem Fall ein Arzt oder Giftinformationszentrum (s. S. 83) über das weitere Vorgehen befragt werden. Zwischenzeitlich können Apotheker, Gärtner oder bekannte Pflanzenexperten bei der genauen Pflanzenbestimmung äußerst hilfreich sein. Auf jeden Fall möglichst die ganze Pflanze und nicht nur Teile derselben für die Bestimmung und evtl. weitere Schritte bereithalten. Werfen Sie also keine Pflanzenreste weg! Gleiches gilt für evtl. bereits Erbrochenes, in dem sich aufgenommene Pflanzenteile, z. B. Beeren, befinden können, die dann zur Identifizierung der Pflanze beitragen.

Unter *Hinweise* wird vorrangig die Notwendigkeit einer Notarztbenachrichtigung, Arzt-, Hautarzt- oder Augenarztvorstellung vermerkt. Angaben zu Vorsichtsmaßnahmen beim gärtnerischen Umgang mit den Pflanzen usw. können sich anschließen.

Der speziell interessierte Leser erhält die Möglichkeit, anhand der *Literaturhinweise* tiefer in die Giftpflanzenproblematik einzudringen oder sich mit den ärztlichen Maßnahmen zu befassen. Aber auch Literatur zur Auswahl ungiftiger Pflanzen ist angeführt, um z. B. in Gärten und Spielanlagen gesundheitlich unproblematische Pflanzen anzupflanzen.

Es folgt ein *Sachwortverzeichnis*.

Im *Verzeichnis der deutschen und wissenschaftlichen Pflanzennamen* sind alle in der Broschüre erwähnten deutschen und wissenschaftlichen Pflanzennamen sowie die deutschen Namen der Pflanzenfamilien alphabetisch geordnet. Die Giftigkeit der ausführlich beschriebenen und abgebildeten Pflanzen ist durch die Anzahl der den deutschen und wissenschaftlichen Namen nachgestellten Kreuze ersichtlich.

Bei Pflanzen ohne Kreuze handelt es sich um Querverweise oder um ähnliche Vertreter, die in der Broschüre nur erwähnt werden. Die Toxizität dieser Pflanzen kann von der der beschriebenen Art abweichen.

Die *Auswahl geeigneter Pflanzen für Anlagen (Kinderspielplätze)* umfasst ungiftige holzige Pflanzen (z. B. Flieder, Lavendel), nicht fruchtende Arten z. B. Tamariske und Weigelie sowie Stauden wie Flockenblumen- und Schafgarben-Arten.

In den letzten Jahren wurde das Wissen um die gesundheitlichen Wirkungen von Pflanzen durch die differenzierte und systematische Dokumentation von Vergiftungen beim Menschen in den Giftinformationszentren erweitert. Auch Pflanzenvergiftungen müssen daher im Sinne des Chemikaliengesetzes (§ 16e, § 18) von den behandelnden Ärzten gemeldet werden. Ein Vordruck *Mitteilungen bei Vergiftungen* befindet sich auf den Seiten 81 und 82. Aber auch per anonymisiertem Arztbericht, per FAX, E-Mail oder auch telefonisch können die Meldungen *unbürokratisch übermittelt werden*.

Ein *Verzeichnis der deutschen Giftinformationszentren* beschließt die Broschüre.

Giftige Pflanzen im Wohnbereich: in Zimmern, Wintergärten, in Kübeln auf Balkonen und Terrassen

Feuer-Bohne-Blüten

13

⊕ Becher-Primel
Primula obconica

Vorkommen:
In China beheimatet, in Mitteleuropa in Töpfen kultiviert.

Beschreibung:
Pflanze bis 40 cm hoch; drüsenhaarige, ovale bis herzförmige Blätter, ca. 15 cm lang, in Rosetten, Stängel klebrig behaart, Blüten in allen Schattierungen, rosa, rot, violett bis weiß, stieltellerförmig, mit gefransten Kronblatträndern, bis 5 cm breit, doldig angeordnet, in lang gestielten Blütenständen.

Ähnliche Vertreter:
Kultursorten auch ohne oder mit geringem Primingehalt. Die Wildart ist nicht im Handel.

Allergieauslösende Teile:
Besonders die Härchen an Blättern, Blüten und Stängeln.

Allergene Wirkstoffe und Toxizität:
Der Primel-Wirkstoff Primin (ein Chinonabkömmling), kann bis zu 1 % in der Pflanze enthalten sein. Hautreizung ab einem Gehalt von 0,1 % Primin.

Symptome:
Im Vordergrund stehen die durch mehrmaligen Hautkontakt ausgelösten Rötungen und Ausschläge (Primeldermatitis) besonders im gärtnerischen Bereich arbeitender Personen. Primeldermatitis kann sich auch durch mehrfachen Kontakt von Staub und abfallenden Primel-Härchen bei der Reinigung der Wohnung entwickeln. Bei Pflanzenaufnahme Schleimhautreizungen, Durchfall, und Erbrechen möglich.

✚ Erste Hilfe:
Abwaschen der betroffenen Hautpartien. Nach Aufnahme von Pflanzenteilen viel Flüssigkeit trinken.

Hinweise:
Starke Schwankungen im Primingehalt je nach Sorte und in Abhängigkeit von Umweltfaktoren. So bedingen feucht-warmes Klima und starke Düngung hohe Gehalte an Allergenen. Bei Symptomen Hautarzt-/Arztvorstellung.

Familie: Wolfsmilchgewächse

⊕ Christusdorn

Euphorbia milii und Hybriden wie z. B. E. x lomii

Dornenkrone

Vorkommen:
Je nach Größe der Kulturformen in Töpfen oder Kübeln in Zimmern oder Wintergärten. Heimat Madagaskar.

Beschreibung:
Halbsukkulenter Strauch mit Milchsaft in allen Teilen, ca. 40 cm hoch oder größer, mit grauem, bedorntem Stamm und dornigen Ästen. Unscheinbare gelbliche Blüten werden von auffallenden, meist leuchtend roten, seltener weißen oder gelben Hochblättern umgeben, die doldig angeordnet in den Blattachseln stehen. Die Blätter, ca. 3,5 cm lang, sind verkehrt eiförmig.

Ähnliche Vertreter:
Zur Familie der Wolfsmilchgewächse gehört auch die Crotonpflanze *Codiaeum variegatum*, Heimat Südostasien, mit gelbgrün und braunrot gemusterten Blättern, verschiedenen Blattformen auf einer Pflanze und einem farblosen Milchsaft mit ähnlichen Wirkstoffen.

Giftige Teile:
Vorwiegend der Milchsaft.

Giftige Wirkstoffe und Toxizität:
Vorwiegend Diterpenester des Ingenols sowie Triterpene.

Symptome:
Hautreizungen durch den Milchsaft, besonders bei empfindlichen Personen möglich. Auch mechanische Verletzungen durch die Dornen, besonders bei Kindern an den Händen. Nach Verschlucken von Pflanzenteilen Schleimhautreizung und Magen-Darmbeschwerden möglich.

✚ Erste Hilfe:
Rechtzeitiges intensives Abwaschen der betroffenen Hautpartien ist meistens ausreichend. Aufgenommene Pflanzenteile ausspucken lassen und reichlich Flüssigkeit verabreichen.

Hinweise:
Infolge des dornigen Charakters der Pflanze werden selten größere Pflanzenmengen aufgenommen. Falls Hautreizungen oder andere Symptome auftreten, sollte Hautarzt-/ Arztvorstellung erfolgen.

Familie: Aronstabgewächse

⊕⊕ Dieffenbachie
Dieffenbachia spp.

Schweigrohr

Vorkommen:
Zierpflanze für Zimmer und Wintergärten in Töpfen und Kübeln. Heimat tropisches Amerika.

Beschreibung:
Pflanze mit aufrechtem, kräftigem Stamm; Blätter 30-45 cm lang, eiförmig bis lanzettlich, glänzend, grün, weiß panaschiert; Blüten im Kolben, von einem Hüllblatt umgeben, Blütenbildung in Zimmern selten.

Ähnliche Vertreter:
Mehrere Arten; mit unterschiedlicher Panaschierung; viele Sorten ohne oder mit geringem giftigem Wirkstoffgehalt.

Giftige Teile:
Alle Pflanzenteile, besonders die Blätter; starke Wirkstoffschwankungen möglich.

Giftige Wirkstoffe und Toxizität:
Spitze Calciumoxalat-Nadeln (Raphiden), die in sogenannten „Schießzellen" angeordnet sind, freie Oxalsäure, Histamin (sog. biogenes Amin, das im wässrigen Milieu basisch reagiert) und weitere Substanzen.

Symptome:
Bereits bei leichter Berührung der Pflanzen können sich die „Schießzellen" öffnen, so dass die giftigen Wirkstoffe (spitze Oxalatnadeln) in die Haut eindringen und dort Reizungen hervorrufen können. Nach Verzehr führen die Wirkstoffe in den Schleimhäuten (Mund, Rachen, Magen) zu Schwellungen mit evtl. Blasenbildung, begleitet von Erbrechen, Kopfschmerzen, Speichelfluss, Schluck- und Sprachbeschwerden. Augenverätzungen (Hornhaut) beim Abschneiden von Pflanzenteilen durch Spritzer ins Auge.

✚ Erste Hilfe:
Mund reichlich mit Flüssigkeit spülen bzw. viel trinken. Betroffene Haut- und Augenpartien reichlich unter fließendem Wasser spülen.

Hinweise:
Arzt-, Hautarzt- oder Augenarztvorstellung. Der Saft der tropischen Art wurde in ihrer Heimat zu kriminellen Zwecken den Opfern auf die Zunge geträufelt, so dass sie infolge der Zungenschwellung nicht mehr sprechen konnten, daher der Name Schweigrohr.

Familie: Nachtschattengewächse

⊕⊕⊕ Engelstrompete
Brugmansia aurea

(manchmal noch unter dem alten Namen Datura aurea)

Vorkommen:
Kübelpflanze in Wintergärten, auch für Balkone und Terrassen, zuweilen im Sommer in Gärten ausgepflanzt. Heimat nördliches Südamerika.

Beschreibung:
1,5 bis 5 m hohe holzige Pflanze mit hängenden trompetenförmigen Blüten mit zurückgeschlagenen Zipfeln, bis zu 30 cm lang, zart gelb. Stark duftend, vor allem nachts. Frucht eine schmale zylindrische, glatte, hängende Kapsel mit nierenförmigen, schwarzbraunen Samen. Blätter bis zu 20 cm lang, wechselständig, einfach, elliptische Form, mit gewelltem, glattem, bisweilen leicht gezähntem Rand.

Ähnliche Vertreter:
B. suaveolens mit weißen, zuweilen rosa Blüten; *B. versicolor* mit weißen bis rosa Blüten; Arten mehr oder weniger stark duftend. *B. sanguinea* mit orangeroten Blüten, gelb geadert, ohne Duft, ebenso *B. vulcanicola*. Alle Arten mit toxikologisch ähnlicher Wirkung. Ähnlich auch die Gattung *Datura*, siehe dort.

Giftige Teile:
Alle Pflanzenteile, besonders aber die Blüten, Blätter und Samen.

Giftige Wirkstoffe und Toxizität:
Von den Tropan-Alkaloiden überwiegt das Scopolamin, aber auch Atropin und Hyoscyamin sind enthalten (letzteres wird leicht in Atropin umgewandelt).

Symptome:
Ähnlich der Tollkirsche (wenn die Hyoscyamin-/Atropinwirkung überwiegt) nach Verzehr: Gesichtsrötung, Unruhe, trockene Schleimhäute, Pulsbeschleunigung, Pupillenerweiterung. In schweren Fällen Halluzinationen, Krämpfe und Atemlähmung. Überwiegt die Scopolaminwirkung, fehlen meistens die Gesichtsrötung, Pulsbeschleunigung und Unruhe – mehr die ruhige Verlaufsform, s. auch Stechapfel, Datura.

19

✚ Erste Hilfe: Außer Ausspucken der Pflanzenteile viel Flüssigkeit aufnehmen.

Hinweise:
Sofortige Arztvorstellung, evtl. Notarzt. Vorsicht beim Zurückschneiden der Kübelpflanze: Hautrötung und Pupillenerweiterung möglich! Missbrauch zu Rauschzwecken.

Familie: Schmetterlingsblütengewächse

⊕⊕ Feuer-Bohne

Phaseolus coccineus

Türkenbohne, Wollbohne

Vorkommen:
Beheimatet im tropischen Mittelamerika, wird die Feuerbohne in Mitteleuropa als Kletterpflanze an Spalieren von Terrassen und Balkonen genutzt, in Gärten als Zier- und Gemüsepflanze.

Beschreibung:
Einjährige gezogene, bis 4 m lang rankende Pflanze mit leuchtend scharlachroten, weißen oder weiß-roten Blüten in wenig blütigen, gestielten Trauben. Früchte ca. 20-30 cm lange, behaarte Hülsen mit lila, dunkel marmorierten Bohnen. Blätter 3-zählig, Teilblättchen breit, zugespitzt. Blütezeit Juni-September.

Giftige Teile:
Vorwiegend die rohen Früchte;
gekocht ungiftig.

Giftige Wirkstoffe und Toxizität:
Vorwiegend das Phasin (giftige Eiweißverbindung). Mehr als eine gegessene rohe Bohne bei Kindern und 4-6 rohe Bohnen bei Erwachsenen können toxisch wirken. Das Phasin wird durch den Kochprozess vollkommen zerstört!

Symptome:
Große individuelle Unverträglichkeit! Aufgetreten sind nach roher Bohnenaufnahme in ca. 30 % der Vergiftungsfälle Übelkeit, Erbrechen und Durchfälle. In schwereren Fällen stellten sich blutiges Erbrechen, Schüttelfrost, Koliken und Krampfanfälle ein (etwa 5 % der Vergiftungsfälle). Diese Symptome werden als Bohnenkrankheit bezeichnet. Sehr selten treten bereits nach Berühren der Pflanzen Hautausschläge (Bohnenkrätze) auf.

✚ **Erste Hilfe:** Reichlich Flüssigkeit trinken, betroffene Hautpartien abwaschen.

Hinweise:
Bei Symptomen schnelle Arztvorstellung. Auftreten der Symptome nur nach Aufnahme roher Bohnen, also vorwiegend bei Kindern, aber auch bei erwachsenen Rohkostanhängern!

22

Familie: Nachtschattengewächse

⊕⊕ Korallenbäumchen
Solanum pseudocapsicum

Korallenkirsche

Vorkommen:
Topfpflanze für Zimmer und Wintergärten. Heimat östliches Südamerika.

Beschreibung:
Immergrüner, buschiger, bis 40 cm hoher Zierstrauch, häufig als einjährig, im Winter fruchtend, kultiviert. Blätter bis 8 cm lang, mit gewelltem Rand. Sternförmige weiße oder lila Blüten, bis 2 cm breit. Früchte 2 cm breit, kugelig, gelb, orange, rot oder violett, mit zahlreichen weißen Samen. Die orangefarbenen Beeren erinnern an sehr kleine Orangen, sind innen aber trocken.

Ähnliche Vertreter:
Ähnliche Zierformen von Paprika-Arten (*Capsicum* spec.) mit ähnlichen Inhaltsstoffen. Früchte nicht kugelrund, einige *C.*-Arten auch als Gemüse oder Gewürz genutzt.

Giftige Teile:
Alle Pflanzenteile, besonders die unreifen Beeren. Reife Beeren werden als gering giftig bis ungiftig eingestuft.

Giftige Wirkstoffe und Toxizität:
Alkaloide vom Steroidtyp – vorwiegend das Solanocapsin. Toxisch wirken bei Kindern etwa 3-5 unreife Beeren.

Symptome:
Etwa 3-5 Stunden nach Pflanzenaufnahme Übelkeit und Erbrechen möglich (in etwa 5 % der Vergiftungsfälle). Herzrhythmusstörungen können nach Aufnahme größerer Pflanzenmengen auftreten.

✚ Erste Hilfe:
Reichlich Flüssigkeit verabreichen.

Hinweise:
Arztvorstellung bei Symptomen. Die attraktiven reifen roten Beeren werden von Kindern gern und häufig in den Mund gesteckt.

Familie: Hundsgiftgewächse

⊕ Madagaskar-Immergrün Catharanthus roseus

(manchmal noch unter dem alten Namen Vinca rosea)

Vorkommen:
Zierpflanze in Töpfen. Heimat wahrscheinlich Madagaskar; in vielen tropischen Gebieten verwildert.

Beschreibung:
Am Grunde holzige Zierpflanze, 40-80 cm hoch mit weißen, violetten, rosa-roten oder zweifarbigen Blüten, stieltellerartig, ca. 4 cm breit, mit 5 Blütenblättern, in Blütenständen. Blätter 6-8 cm lang, eiförmig, glänzend, gegenständig. Balgfrucht 4 cm lang mit 12-20 Samen.

Ähnliche Vertreter:
Vinca minor, das in Mitteleuropa einheimische Immergrün, mit blauen, lilaroten, weißen oder rosa Einzelblüten, eine bodendeckende Staude in Gärten, gehört ebenfalls zur Familie der Hundsgiftgewächse und weist ähnliche Inhaltsstoffe auf.

Giftige Teile:
Besonders die Wurzeln, aber auch die übrigen Pflanzenteile.

Giftige Wirkstoffe und Toxizität:
Vorwiegend die Indol-Alkaloide Vinblastin, Vincristin und Vincamin (Vinca-Alkaloide).

Symptome:
Erbrechen., Wirkungen auf das Zentralnervensystem und die Psyche.

✚ Erste Hilfe:
Bei Pflanzenaufnahme Pflanzenteile aus dem Mund entfernen, anschließend reichlich trinken.

Hinweise:
Da die Alkaloide in der Krebsbekämpfung als Arzneimittel eingesetzt werden, können die angegebenen Symptome als Nebenwirkungen bei unsachgemäßer Arzneimittelanwendung auftreten.

Familie: Liliengewächse

⊕⊕ Meerzwiebel, Echte
Urginea maritima

Vorkommen:
Zwiebelpflanze in Wintergärten, auf Terrassen, im Sommer auch an sonnigen Plätzen im Freien. Heimat trockene, felsige Hänge oder am Meeresstrand im Mittelmeerraum.

Beschreibung:
Bis 15 cm breite Zwiebel mit innen sehr schleimigen Schalen, Saft bitter und scharf. Aus der Zwiebel aufrechter, bis 1m hoher, rot überlaufener Stängel mit weißen, am Kiel roten bis grünlichen, sternförmigen Blüten in 40 cm langen Trauben hervorgehend; nach der Blüte 10-20 breite, lanzettliche Blätter. Früchte kugelige, 3-furchige Kapseln.

Giftige Teile:
Vorwiegend die Zwiebel.

Giftige Wirkstoffe und Toxizität:
Herzwirksame Steroid-Glykoside wie Scillaren, Proscillaridin u. a. (Bufadienolid-Typ). Starke Schwankungen im Giftgehalt je nach Herkunft der Zwiebeln.

Symptome:
Übelkeit, Erbrechen, Durchfälle und Herzrhythmusstörungen.

✚ Erste Hilfe:
Viel Flüssigkeit nach dem Ausspucken der Pflanzenteile aufnehmen.

Hinweise:
Vergiftungen sind selten, da vorwiegend Kinder von der großen Zwiebel nur wenig aufnehmen. Bei Symptomen jedoch schnelle Arztvorstellung.

⊕⊕ Oleander
Nerium oleander

Rosenlorbeer

Vorkommen:
Bis zimmerhohe Kübelpflanze für Wintergärten, Terrassen und Balkone. Heimat: Flussufer vom Mittelmeergebiet bis China.

Beschreibung:
Immergrüner Strauch mit gegenständigen lanzettlichen, lederartigen, glattrandigen Blättern, bis 15 cm lang. Stieltellerartige Blüten mit 5 Kronblättern, ca. 3 cm breit, rot, weiß, gelblich oder rosa, in endständigen Trugdolden. Früchte 2-fächrige Kapseln, ca. 10 cm lang, etwas gebogen, mit behaarten Samen.

Ähnliche Vertreter:
Mitunter gefüllt blühende Formen, auch zwergige Büsche. Der Gelbe Oleander (*Thevetia peruviana*), eine verwandte Gattung, heimisch im tropischen Amerika, ist gleich giftig, vorwiegend aber die Samen.

Giftige Teile:
Alle Pflanzenteile, vorwiegend aber die Blätter (etwa 1 % Glykosid) und Samen zur Blütezeit. Rot blühende Pflanzen sollen höhere Gehalte an toxischen Inhaltsstoffen als weiß blühende aufweisen.

Giftige Wirkstoffe und Toxizität:
Oleandrin und viele weitere Steroid-Glykoside vom Kardenolidtyp (s. a. Digitalis-Glykoside). Nach Aufnahme eines Blattes bzw. Blattteils ab etwa 3 cm Länge ist mit Vergiftungserscheinungen zu rechnen. Im Extremfall Todesfälle nach etwa 10 zerkauten Blättern möglich.

Symptome:
Mit Übelkeit, Erbrechen und Durchfall ist in etwa 5 % der Vergiftungsfälle zu rechnen. Herzrhythmusstörungen und Pupillenerweiterung nach Aufnahme größerer Pflanzenmengen. Im Extremfall Tod durch Atemlähmung. Bei empfindlichen Personen Hautausschläge nach intensivem Kontakt mit der Pflanze (mitunter schon durch Berührung).

✚ Erste Hilfe:
Reichlich zu trinken geben, betroffene Hautpartien unter fließendem Wasser abwaschen.

Hinweise:
Wegen des bitteren Geschmacks aller Pflanzenteile und des dadurch bedingten häufig einsetzenden Erbrechens dürften kaum größere Pflanzenmengen aufgenommen werden. Kulturformen enthalten bedeutend geringere Konzentrationen an herzwirksamen Verbindungen als wildwachsende Pflanzen. Bei Symptomen schnelle Arzt-/Hautarztvorstellung.

Familie: Amaryllisgewächse

⊕ Riemenblatt
Clivia miniata

Klivie

Vorkommen:
Zierpflanze in Töpfen oder Kübeln auf Terrassen und Balkonen, in Wintergärten. Heimat Südafrika.

Beschreibung:
Riemenartige, zweizeilig angeordnete Blätter gehen aus dem an der Basis zwiebelartig verdickten Stamm hervor. Auf einem langen, blattlosen Stiel bis zu 20 trichterförmige, orangerote, selten gelbe Blüten doldenartig angeordnet.

Giftige Teile:
Gesamte Pflanze, besonders die Blätter und der zwiebelartig verdickte Stamm.

Giftige Wirkstoffe und Toxizität:
Verschiedene Alkaloide, u.a. Lycorin und Clivatin.

Symptome:
Im Vordergrund können Magen-Darmbeschwerden stehen. Speichelfluss möglich.

✚ Erste Hilfe:
Reichlich trinken.

Hinweise:
Bei Symptomen Arztvorstellung.

27

⊕⊕⊕ Rizinus

Ricinus communis

Wunderbaum von Sansibar, Palma Christi, Christuspalme

Vorkommen:
In Kübeln auf Balkonen und Terrassen, in Wintergärten, im Sommer draußen in Rabatten oder als Solitärpflanze. Heimat Nordost-Afrika bis West-Asien.

Beschreibung:
Krautige, blaugrüne, grüne oder rötliche Pflanze mit strauchartigem Wuchs, 1 bis 2,5 m hoch, in mediterranen Gebieten bis 4 m hoch, in den Tropen bis 13 m. Handförmig geteilte, lang gestielte, öfter bis 40 cm breite Blätter. Oft als Zierpflanze kultiviert. Blüten in endständigen Rispen, die weiblichen (mit roten Narben) über den männlichen angeordnet. In stacheligen Kapselfrüchten 3 Samen, ca. 1-2 cm lang, eiförmig, flachgedrückt, marmoriert.

Ähnliche Vertreter:
Formen mit bronzefarbenem oder karminrotem Laub.

Giftige Teile:
Vorwiegend die Samen; sie schmecken haselnussartig.

Giftige Wirkstoffe und Toxizität:
Rizin, eines der stärksten bekannten Pflanzengifte (Toxalbumin). Für Kinder ist die Aufnahme von 3-5 gut zerkauten Samen, für Erwachsene von 10-15 gut zerkauten Samen tödlich. Die tödliche Dosis für den Menschen beträgt 5 Mikrogramm Rizin pro Kilogramm Körpergewicht.

Symptome:
In etwa 25 % der Vergiftungsfälle 2-24 Stunden, aber auch bis zu 3 Tagen nach Samenaufnahme (abhängig vom Grad des Zerkauens) Erbrechen,

Bauchschmerzen, blutiger Durchfall, Krämpfe, Nierenversagen, Leberschäden, Kollaps, Tod. Schwere Allergien und Hautausschläge können nach Hautkontakt mit Samen, den durchbohrten Samen, besonders aus indischen und afrikanischen Halsketten sowie Einatmen von Rizinus-Samen-Schrot (obwohl rizinfrei, s. u.) auftreten.

+ Erste Hilfe:
Ausspucken der Samen, viel Flüssigkeit geben. Bei Hautkontakt die betroffenen Hautpartien abwaschen.

Hinweise:
Rizinus-Samen-Schrot (Düngemittel) und Rizinusöl (drastisches Abführmittel) enthalten kein Rizin! Werden die Samen nicht oder kaum zerkaut, werden höhere Samenmengen – dann sogar oft mit geringen Symptomen – vertragen. Da der Zerkleinerungsgrad der Samen aber häufig unbekannt ist (besonders bei Kindern), auf jeden Fall Arzt- bzw. Notarztvorstellung!

Familie: Eisenkrautgewächse

⊕⊕ Wandelröschen

Lantana camara

Lantane

Vorkommen:
In Töpfen oder Kübeln auf Terrassen und Balkonen. Als Beetbepflanzung in Parkanlagen und Gärten. Heimat tropisches Amerika, u. a. in Südafrika verwildert.

Beschreibung:
0,3-0,9 m hoher Strauch, als Bäumchen auch höher. Stängel kantig, etwas dornig. Eilanzettliche, immergrüne, runzlige Blätter mit gekerbtem Rand. 0,8 cm große Stieltellerblüten in ca. 4 cm breiten schirmartigen Blütenständen. Farbwechsel beim Erblühen von Weiß, Gelb über Orange bis Rot oder Violett. Frucht eine kaum erbsengroße blauschwarze Beere mit hellem Kern.

Ähnliche Vertreter:
Viele Sorten, auch nicht fruchtende. Untoxische Sorten, u. a. 'Common Pink'.

Giftige Teile:
Unreife und reife Beeren sowie die Blätter und Blüten.

Giftige Wirkstoffe und Toxizität:
Verschiedene Lantadene (Struktur von Triterpenen).

Symptome:
Etwa 2-5 Stunden nach der Aufnahme von Pflanzenteilen Erbrechen, Durchfall, Pupillenerweiterung (wie bei der Tollkirsche), Kreislaufbeschwerden und Gelbsucht als Folge einer Leberschädigung.

+ Erste Hilfe:
Ausspucken der Pflanzenteile und viel Flüssigkeit aufnehmen.

Hinweise:
Ernsthafte Vergiftungen ereigneten sich in tropischen Ländern, wenn die reifen Beeren gegessen werden. Bei uns in Mitteleuropa ist evtl. mit Magen-Darm-Symptomen zu rechnen (s. o.), in dem Fall schnelle Arztvorstellung.

Familie: Wolfsmilchgewächse

⊕ Weihnachtsstern
Euphorbia pulcherrima

Poinsettie

Vorkommen:
Zierpflanze in Töpfen oder Kübeln für Zimmer und Wintergärten. Heimat Mexiko.

Beschreibung:
Strauchige oder baumartige Pflanze, 0,3-1,2 m oder höher, mit weißem Milchsaft. Blätter eilanzettlich, buchtig ausgerandet, lang gestielt. Unscheinbare gelbe Blüten von auffallend roten, den Laubblättern ähnlich geformten Hochblättern umgeben, die wie Blütenblätter wirken.

Ähnliche Vertreter:
Zahlreiche Kulturformen mit unterschiedlichen Farben der Hochblätter (weiß, grünlich-weiß, creme oder rötlich-weiß) und unterschiedlichen Wirkstoffgehalten.

Giftige Teile:
Neben dem Milchsaft auch Blätter und Blüten. Die gärtnerischen Sorten sind überwiegend ungiftig bis gering toxisch.

Giftige Wirkstoffe und Toxizität:
Unbekannte Wirkstoffe, aber keine Diterpene nachgewiesen.

Symptome:
Am ehesten Hautreizungen bei beruflich mit der Pflanze exponierten Personen (Gärtner, Floristen) zu erwarten, besonders durch austretenden Milchsaft z. B. beim Beschneiden und Verpacken der Pflanze. Auch durch längeres Einatmen der Pollen kann es bei überempfindlichen Personen aus o. g. Berufsgruppen zu allergischen Reaktionen kommen.

Nach dem Verschlucken von Pflanzenteilen, vorwiegend durch Kinder, sind in etwa 5 % der Fälle Unwohlsein, Schleimhautreizungen und Erbrechen zu erwarten.

✚ Erste Hilfe:
Bei Hautreaktionen gründliches Abwaschen der betroffenen Hautpartien. Nach Verschlucken von Pflanzenteilen reichlich zu trinken geben.

Hinweise:
Die gärtnerischen Sorten sind zwar überwiegend ungiftig bis gering toxisch. Sie unterscheiden sich im Aussehen aber oft nicht von giftigeren Formen, z. B. in Gärten und Parks in wärmeren Urlaubsgebieten. Daher beim Auftreten von Symptomen auf jeden Fall Hautarzt /Arzt konsultieren.

Giftige Pflanzen in Garten- und Parkanlagen und an Wegrändern

Eibe

Familie: Aronstabgewächse

⊕⊕ Aronstab, Gefleckter
Arum maculatum

Zehrwurz; Kalbsfuß

Vorkommen:
Natürlich in feuchten Laubwäldern, unter Gebüschen; in Gartenanlagen unter Bäumen, zwischen Gebüschen, an Teichen.

Beschreibung:
40 cm hohe Staude mit knollig verdicktem Wurzelstock. Blätter grundständig, lang gestielt, pfeilförmig, 20 cm lang, schwarzbraun gefleckt oder ungefleckt, zur Fruchtzeit oft schon abgestorben. Blüten in einem violettbraunen Kolben, von einem weißen, tütenartigen Hochblatt umgeben. Erbsengroße, leuchtend rote Beerenfrüchte sitzen dicht gedrängt am lang gestielten Kolben. Die Beeren enthalten weiße Samen und schmecken süß. Blütezeit April-Juni, Fruchtreife ab Juli.

Ähnliche Vertreter:
Symptome, aber schwächer als Aronstab, kann auch die an sumpfigen Stellen vorkommende Sumpf-Kalla, *Calla palustris*, verursachen. Blüten und Früchte ähneln dem Aronstab, die Blätter sind rundlich-herzförmig.
Mehrere A.-Arten aus Süd-Europa, Nord-Afrika bis West-Asien kultiviert, teilweise auch mit orangefarbenen Früchten. Eine attraktive, wintergrüne Art, bis 60 cm hoch, ist *A. italicum* mit gelbem Hochblatt und oft marmorierten oder hell geaderten, pfeilförmigen Blättern. Die Fruchtstände und Blätter werden auch oft in Blumengebinden verwendet.

Giftige Teile:
Beeren, Blätter, besonders der Wurzelstock. Frische, junge Pflanzen weisen höhere Gehalte an giftigen Wirkstoffen auf, als ältere, absterbende.

Giftige Wirkstoffe und Toxizität:
Calciumoxalat-Nadeln (in sogenannten „Raphiden" wie bei *Dieffenbachia* angeordnet), evtl. geringe Konzentration freier Oxalsäure sowie unbekannte „Scharfstoffe" (keinesfalls aber Schierlings-Alkaloid Coniin). In grünen Beeren beträgt die Oxalatkonzentration 0,4 %, in reifen nur noch die Hälfte. Nach dem Zerkauen von 2 Blättern ist mit Symptomen zu rechnen.

Symptome:
Bis zu 30 Minuten nach Pflanzenaufnahme in etwa 30 % der Vergiftungsfälle starke Reizung und Schwellung der Mundschleimhaut sowie Erbrechen und Durchfall. Der Pflanzensaft führt auf der Haut zu Rötung und Blasenbildung, bei empfindlichen Personen schon durch Pflanzenberührung, aber milderer Verlauf.

✚ Erste Hilfe:
Ausspucken der Pflanzenteile und viel trinken. Nach Hautkontakt intensives Abspülen der betroffenen Hautpartien unter fließendem Wasser.

Hinweise:
A. italicum enthält höhere Gehalte an giftigen Wirkstoffen als A. maculatum. Die attraktiven reifen Beeren werden von Kindern häufiger gegessen. Bei auftretenden Symptomen Arzt-/Hautarztvorstellung.

Familie: Schmetterlingsblütengewächse

⊕ Besenginster

Sarothamnus scoparius

Vorkommen:
Wild auf Heiden, an Wegrändern, Bahndämmen. In Gärten und Parks angepflanzt.

Beschreibung:
0,5 bis 2 m hoher Strauch mit immergrünen, rutenartigen, starren Zweigen, spärlich mit dreizähligen, ca. 1 cm langen Blättern besetzt. Im Mai-Juni bis 3 cm lange gelbe Schmetterlingsblüten zu 1-2 in den Blattachseln. Flache, seidenhaarige Fruchthülsen mit braunen Samen.

36

Ähnliche Vertreter:
Die sehr formenreiche Art findet man auch mit weißlichen oder rötlichen Blütenfarben in Gärten. Ginster-Arten der Gattung *Cytisus* meist zierlicher mit weißen, rosa oder gelben Blüten und unscheinbaren Hülsen. Der im Mittelmeergebiet weit verbreitete Pfriemenginster *Spartium junceum* ist wesentlich größer, wird aber wegen der Frostgefährdung in nördlicheren Regionen selten angepflanzt.

37

Giftige Teile:
Alle Pflanzenteile, vorwiegend aber die Samen.

Giftige Wirkstoffe und Toxizität:
Alkaloide, wie z. B. das Spartein, die zum Chinolizidin-Typ zählen. Nach der Aufnahme von mehr als 5 Samen ist mit Symptomen zu rechnen.

Symptome:
Magen-Darmbeschwerden, Unruhe, Kreislaufbeschwerden.

✚ Erste Hilfe:
Entfernen der Pflanzenteile aus dem Mund; reichlich trinken.

Hinweise:
Arztvorstellung bei Symptomen

38

Familie: Nachtschattengewächse

⊕⊕⊕ Bilsenkraut *Hyoscyamus niger*

Schlafkraut, Zigeunerkraut, Altsitzerkraut

Vorkommen:
Heimische Pflanze auf Schuttstellen, Unlandflächen, an Feldrändern, in vernachlässigten Gärten.

Beschreibung:
Einjährige, unverzweigte oder zweijährige, verzweigte Pflanze, 30-80 cm hoch, aufrecht, aufsteigend oder später niederliegend. Stängel, Blätter und Blütenkelch klebrig zottig behaart. Blätter ca. 8 cm lang, länglich-eiförmig, grob buchtig gezähnt. Blüte schmutzig gelb mit violetten Adern, trichterig, (Schlund dunkel lila) mit 5 ungleichen stumpfen Zipfeln, zu mehreren einseitswendig am Stängel angeordnet, fast ungestielt. Die Früchte sind 2-fächrige Kapseln, von dem stark behaarten Kelch umschlossen, mit nierenförmigen, braunschwarzen Samen. Wurzel rübenartig verdickt. Blütezeit Juni-Oktober, Fruchtzeit ab Juli.

Ähnliche Vertreter:
Wegen der starken Drüsenbehaarung kaum zu verwechseln, höchstens die Wurzel mit Gemüsewurzeln. Die Samen sind schon mit Mohnsamen verwechselt worden.

Giftige Teile:
Besonders die Samen, aber auch Blätter und Wurzeln.

Giftige Wirkstoffe und Toxizität:
Tropan-Alkaloide, vorwiegend Hyoscyamin, meist über 50 %, das leicht in Atropin umgewandelt wird; am Gesamtalkaloidgehalt kann außerdem das Scopolamin bis zu 50 % beteiligt sein. Der Gesamtalkaloidgehalt beträgt in Samen etwa 0,3 %. Giftig wirken etwa 0,5 g Blätter; für Kinder können 15 gegessene Samen tödlich sein.

Symptome:
Bei schweren Vergiftungen, die wie eine Atropin-Vergiftung verlaufen, etwa 10 Minuten nach Aufnahme von Pflanzenteilen Gesichtsrötung, Unruhe und starker Durst. Es folgen Pulsbeschleunigung, Übelkeit, Erbrechen, Pupillenerweiterung, Taumeln, Sinnestäuschungen, Bewusstlosigkeit und Atemlähmung.
Die Vergiftung kann auch ohne Gesichtsrötung, Pulsbeschleunigung und Unruhe – eben ruhig verlaufen (daher auch der Name Schlafkraut) – Wirkung des Scopolamins überwiegt.

✚ Erste Hilfe:
Ausspucken der aufgenommenen Pflanzenteile und viel trinken.

Hinweise:
Blätter und Blüten werden wegen des unangenehmen Geruchs und der klebrigen Behaarung der Pflanze selten aufgenommen. Bei Symptomen schnelle Arztvorstellung bzw. Notarzt.

Familie: Buchsbaumgewächse

⊕ Buchsbaum
Buxus sempervirens

Buchs, wildwachsende Exemplare sind geschützt

Vorkommen:
Natürlich in wärmeliebenden Laubwäldern, in Deutschland selten, häufiger in Südeuropa. Als Zierstrauch häufig angepflanzt, auch als Kübelpflanze – oft in Form geschnitten.

Beschreibung:
0,3-4 m hoher Strauch oder Baum mit immergrünen, ovalen, 2 cm langen, ledrigen Blättern, gegenständig angeordnet, Blattoberseite glänzend dunkelgrün, Blattunterseite heller grün. In den Blattachseln unscheinbare männliche Blüten, die eine weibliche Blüte umgeben. Früchte 3-fächrig gehörnte grüne, später braune Kapseln mit je 2 braunen Samen. Blütezeit März-April.

Ähnliche Vertreter:
Mehrere Arten mit zahlreichen Formen, vor allem mit gelb gemusterten Blättern. Strauch hervorragend als Heckenpflanze oder zur Beeteinfassung geeignet, oft bizarre Schnittformen. Im Winter werden die Zweige vielfach in Ziergestecken verwendet. Alte Bauerngartenpflanze.

Giftige Teile:
Gesamte Pflanze, besonders aber die Blätter und Rinde.

Giftige Wirkstoffe und Toxizität:
Cyclobuxin u. a. Steroid-Alkaloide.

Symptome:
In etwa 15 % der Vergiftungsfälle treten Erbrechen und Durchfall auf. Evtl. Krämpfe erst nach Aufnahme größerer Pflanzenmengen. Atmen empfindliche Personen beim Zersägen der holzigen Pflanzenteile den dabei entstehenden Holzstaub ein, können sie mit asthmatischen Anfällen reagieren.

✚ Erste Hilfe:
Aufgenommene Pflanzenteile aus dem Mund entfernen und anschließend viel trinken.

Hinweise:
Gefährdet sind meist nur Kinder, die die Blätter aus Schmucksträußen des öfteren in den Mund stecken.

Familie: Hahnenfußgewächse

⊕ Busch-Windröschen

Anemone nemorosa

Waldanemone, Waldhähnchen, Wasserhähnchen

Vorkommen:
Natürlich in krautreichen Wäldern, unter Gebüschen, auf Wiesen. In Parkanlagen und Gärten unter alten Bäumen im Frühjahr hübscher Bodendecker.

Beschreibung:
10-25 cm hohe krautige Pflanze mit dünnen, braunen Rhizomen. Grundständige Blätter lang gestielt, 3-teilig, ebenso wie die am Blütenstängel quirlartig sitzenden grünen Hochblätter. Blüten 1,5-4 cm breit, mit 5-7 weißen Kronblättern, die oft rötlich überlaufen und zahlreichen gelben Staubblättern. Blütezeit März-Mai.

Ähnliche Vertreter:
Andersfarbige, auch gefüllte Gartenformen; viele weiße und gelbe Anemonen-Arten, vor allem im Gebirge und kultivierte Arten in vielen Farben. Die als „Ranunkeln“ gehandelten Arten mit ähnlichen Inhaltsstoffen.

Giftige Teile:
Alle Pflanzenteile sind als gering toxisch einzustufen.

Giftige Wirkstoffe und Toxizität:
Die Pflanze enthält als toxischen Wirkstoff das Protoanemonin, das beim Welken und Trocknen der Pflanze in das ungiftige Anemonin umgewandelt wird.

Symptome:
Am ehesten sind nach Pflanzenaufnahme Schleimhautreizungen in Mund und Rachen zu erwarten. Nach größeren Pflanzenmengen kann auch Erbrechen erfolgen. Der Pflanzensaft kann auf der Haut zu Rötungen und Bläschenbildung führen.

✚ Erste Hilfe:
Entfernen der Pflanzenteile aus dem Mund. Ausführliche Hautreinigung unter fließendem Wasser.

Hinweise:
Falls Symptome auftreten, sicherheitshalber Arzt-/Hautarztvorstellung.

Familie: Hahnenfußgewächse

⊕ Christrose
Helleborus niger

Nieswurz, Schwarze; Schneerose
Alle wildlebenden Exemplare sind geschützt

Vorkommen:
In Buchen- und Kiefernwäldern der Alpen auf kalkhaltigem Boden, selten. Häufige Zierpflanze in Gärten und Anlagen.

Beschreibung:
Krautige, 15-30 cm hohe Pflanze mit kräftigem, schwarzbraunem Wurzelstock. Blätter handförmig 7-9-teilig, ledrig, lang gestielt, grundständig. Langer Blütenstängel blattlos, nur mit 2-3 eiförmigen Deckblättern. Blüten weiß, oft rötlich überlaufen, ca. 7 cm breit, flach ausgebreitet. 5-mehrteilige Balgfrucht mit zahlreichen braunen Samen. Blütezeit teilweise schon im Dezember, sonst Februar-April.

Ähnliche Vertreter:
Weitere heimische Wildpflanzen mit grünlichen Blüten sind *H. viridis* oder mit rot-grünlichen Blüten *H. foetidus*. Viele ansprechende Züchtungen für Gärten, auch mit kräftig rötlichen und grünlichen Blüten aus Kreuzungen anderer Arten.

Giftige Teile:
Besonders die Wurzeln, aber auch die oberirdischen Pflanzenteile.

Giftige Wirkstoffe und Toxizität:
In den oberirdischen Pflanzenteilen vorwiegend das Protoanemonin, in den Wurzeln vorwiegend ein Steroid-Saponingemisch (früher als „Helleborin" bezeichnet).

Symptome:
Durch Reizung der Schleimhäute Kratzen in Mund und Rachen, weiterhin Erbrechen und Bauchschmerzen, die z. T. kolikartig verlaufen können.

✚ Erste Hilfe:
Entfernen der Pflanzenteile aus dem Mund und reichlich trinken.

Hinweise:
Vergiftungen sind selten, da die Pflanze im Winter blüht und daher nicht oft gegessen wird. Bei Symptomen Arztvorstellung.

⊕⊕ Efeu

Hedera helix

Eifen

Vorkommen:
Wild als Kletterpflanze an Bäumen und Mauern oder als Bodendecker in Laub- und Mischwäldern. Häufige Zierpflanze, auch als Zimmerpflanze kultiviert.

Beschreibung:
Immergrüner 3-15 m hoher Strauch, mit Haftwurzeln kletternd oder am Boden niederliegend. Blätter wechselständig, ledrig, glänzend, 5-lappig, an fruchtenden Zweigen ungeteilt eiförmig-lanzettlich. Blüten gelblich grün, in Dolden, Früchte zunächst grüne, vom Spätherbst bis Frühjahr reifende blauschwarze meist sehr harte Beeren. Blütezeit September-November.

Ähnliche Vertreter:
Zahlreiche Kultivare, von denen viele gelblich oder weißlich panaschierte Blätter besitzen. Sie werden auch in Töpfen und Ampeln als Zimmerpflanzen kultiviert, blühen als Topfpflanzen aber nicht.

Giftige Teile:
Beeren, besonders das Fruchtfleisch; Blätter und Stängel.

Giftige Wirkstoffe und Toxizität:
Triterpen-Saponine wie Hederin u. a., ferner, besonders in den Blättern, Polyine wie verschiedene Falcarinole. Gesamt-Saponinkonzentration in den Blättern bis zu 5 %. Starke Schwankungen im Wirkstoffgehalt, besonders bei den Kulturformen.

Symptome:
In etwa 15 % aller Vergiftungen durch Efeu treten Erbrechen, Kopfschmerzen und Durchfall auf. Nach Aufnahme größerer Pflanzenmengen kann es zu Krämpfen und Schock kommen. Beim Schneiden von z. B. Efeu-Hecken können durch den längeren Kontakt mit den Blättern Hautrötungen und -ausschläge auftreten, die durch die Polyine ausgelöst werden.

✚ Erste Hilfe:
Aufgenommene Pflanzenteile aus dem Mund entfernen und reichlich trinken. Betroffene Hautpartien gut unter fließendem Wasser abspülen.

Hinweise:
Wegen des sehr bitteren Geschmacks des Fruchtfleisches wird dieses selten von Kindern aufgenommen. Bei Symptomen Arzt-/Hautarztvorstellung.

Familie: Eibengewächse

⊕⊕⊕ Eibe

Taxus baccata

Beeren-Eibe, Eife, Ibe, Bogenbaum
Alle wildwachsenden Exemplare sind geschützt.

Vorkommen:
Natürlich als Nadelgehölz im Gebirge. Häufiger Zierstrauch in Parkanlagen und Gärten, auf Friedhöfen.

Beschreibung:
Baum oder Strauch bis zu 15 m hoch. Immergrüne, weiche, flache Nadeln, 1-3 cm lang. Blüten unscheinbar, männliche und weibliche auf getrennten Pflanzen. Früchte aus einem becherförmigen, fleischigen, leuchtend roten Samenmantel bestehend, einen erbsengroßen, zunächst grünen, später braunen Samen einschließend. Der Samen mit bitterem, der Samenmantel mit süßlichem Geschmack. Ziergehölz mit lockerem Wuchs oder als Hecke geschnitten. Blütezeit im März-April, Fruchtreife ab August.

Ähnliche Vertreter:
Zahlreiche Kulturformen, auch mit gelblichen oder sehr kurzen Nadeln, säulenförmige Sträucher oder niederliegende Sträucher als Bodendecker.

Giftige Teile:
Besonders die Nadeln oder zerbissene Samen (der rote Samenmantel ist völlig ungiftig!).

Giftige Wirkstoffe und Toxizität:
Ein aus Diterpenen bestehendes Alkaloid-Gemisch mit verschiedenen Substanzen wie Taxin sowie nur in den Nadeln enthaltene geringste Mengen an Blausäure-Glykosiden. Der Taxingehalt ist in den Nadeln mit bis zu 2 % am höchsten in den Herbst- und Wintermonaten und nimmt zum Frühjahr ab. In den Samen beträgt der Taxingehalt bis zu 1 %. Giftwirkungen sind ab etwa 2 zerkauten Samen sowie ab 70 aufgenommenen Nadeln (z. B. als Abkochung) zu erwarten.

Symptome:
Beginn etwa 1 Stunde nach Pflanzenaufnahme mit Übelkeit, Durchfall und Mundtrockenheit. Es können sich anschließen: erweiterte Pupillen, Herzrhythmusstörungen, Krämpfe, Schwinden des Bewusstseins, Atemlähmung. Die Vergiftungserscheinungen werden in etwa 20 % nach aufgenommenen Nadeln und 10 % nach aufgenommenen zerbissenen Samen beobachtet. Die Blausäureverbindungen besitzen keinen Einfluss auf den Vergiftungsverlauf.
Bei empfindlichen Personen trägt der Eiben-Pollen zum Frühjahrsheuschnupfen bei.

✚ Erste Hilfe:
Entfernen der Pflanzenteile aus dem Mund.

Hinweise:
Da besonders von Kindern die roten „Früchte“ gegessen werden, ist bei einem geringsten Hinweis auf Symptome unbedingt eine Arztvorstellung erforderlich. Bei bereits bestehenden Symptomen Notarzt! Empfehlung: nur männliche Pflanzen bzw. Kulturformen ohne Fruchtansatz an für Kinder zugängliche Stellen pflanzen.

Familie: Hahnenfußgewächse

⊕⊕⊕ Eisenhut, Blauer

Aconitum napellus

Sturmhut, Echter; Mönchskappe
Alle wildlebenden Exemplare sind geschützt

Vorkommen:
Natürlich im Gebirge an Bachufern, auf feuchten Wiesen; kalkliebend. In Gärten als Zierpflanze.

Beschreibung:
Staude, 0,5 bis 1,5 m hoch, mit knollig oder rübenförmig verdickter, schwarzbrauner Wurzel. Blätter tief handförmig geteilt, mit 3-zipfligen Abschnitten. Deutlich über den Blättern die Blüten in meist verzweigten, aufrechten, 30-60 cm langen Trauben. Einzelblüte blau-violett, 3-4 cm lang, das oberste Blatt helmartig, breiter als hoch, die übrigen 4 paarweise darunter. Früchte 3 bis 5-fächrige Balgkapseln mit 10-14 kantigen, schwarzbraunen, glänzenden Samen. Blütezeit Juni-August.

Ähnliche Vertreter:
Auch andere Eisenhut-Arten, wie der gelbe *A. vulparia*, sind giftig. Zahlreiche Kultivare, auch weiße oder zweifarbige mit schwankendem Wirkstoffgehalt.

Giftige Teile:
Alle Pflanzenteile, besonders aber die Wurzelknolle und die Samen.

Giftige Wirkstoffe und Toxizität:
Als Haupt-Alkaloid unter den Diterpen-Alkaloiden ist das Aconitin enthalten. In den Blättern beträgt die Konzentration 2 %. Die Wurzelknollen enthalten im Winter mit bis zu 3 % den höchsten Alkaloidgehalt. Da für den erwachsenen Menschen etwa 2-6 mg reines Aconitin tödlich wirken, kann diese Menge mit wenigen Gramm Frischmasse aufgenommen werden.

Symptome:
In ca. 25 % der Vergiftungsfälle kommt es zu Symptomen, die sich etwa 15 Minuten nach Pflanzenaufnahme in Kribbeln und Brennen in Mund und Rachen äußern. Folgen können ein Taubheitsgefühl der Zunge, Hände und Zehen sein. Danach schließen sich bei schweren Vergiftungen Erbrechen, Durchfall, Schweißausbrüche, Koliken, Kreislauf- oder Atemlähmung an.
Die Alkaloide werden auch gut über die Haut aufgenommen, so dass bereits beim Pflücken der Pflanze sowie beim Spielen der Kinder mit Blüten Symptome auftreten können.

✚ Erste Hilfe:
Entfernen der Pflanzenteile aus dem Mund und reichlich Flüssigkeit aufnehmen.

Hinweise:
Gefährlichste heimische Giftpflanze in Mitteleuropa! Bei Symptomen sofortige Krankenhauseinweisung über den Notarzt.

52

53

Familie: Doldengewächse

⊕ Engelwurz
Angelica archangelica

Vorkommen:
Natürlich an der Küste und im Binnenland an Grabenrändern, Ufern, in Röhrichten, auf feuchten Wiesen verbreitet. Kultiviert für Rabatten, als Einzelpflanzen vor Gehölzen oder an Gewässern.

Beschreibung:
1,2 bis.2,5 m hohe, kräftige Staude mit hohlem, oft rötlichem Stängel. Blätter 2-3-fach gefiedert, mit breiten, herzförmigen Abschnitten, lange, runde Blattstiele, am Grunde mit Scheide. Blüten grünlich bis gelblichweiß in 15-20 cm breiten, rundlichen Doppeldolden. Früchte mit 3 ausgeprägten Rippen. Blütezeit Juni-August, Fruchtreife Juli bis Oktober, in der Zeit Pflanze absterbend.

Ähnliche Vertreter:
Mehrere Engelwurz-Arten kultiviert.

Giftige Teile:
Alle Pflanzenteile.

Giftige Wirkstoffe und Toxizität:
Viele Furanocumarine wie u. a. Angelicin, die bei Hautkontakt toxisch wirken.

Symptome:
Nach Hautkontakt mit der Pflanze, besonders aber mit dem Pflanzensaft, z. B. nach dem Abmähen oder Abreißen der Stängel und Blätter und nachfolgender Licht- oder Sonneneinwirkung können sich Hautschädigungen in Form von mehr oder weniger großflächigen Blasen entwickeln. Auch durch Barfußlaufen oder Lagern auf frisch gemähten Wiesen können die Symptome auftreten („Badedermatitis"). Keine nennenswerten Symptome nach Verzehr der nicht attraktiven Pflanzenteile.

✚ Erste Hilfe:
Betroffene Hautpartien unter fließendem Wasser abspülen.

Hinweise:
Bei Hautschädigungen Konsultation eines Hautarztes.

Familie: Schmetterlingsblütengewächse

⊕⊕ Färber-Ginster
Genista tinctoria

Vorkommen:
Natürlich in wärmeliebenden Wäldern, auf Heiden, an Wegrändern verbreitet. In Parks, Grünanlagen, in Steingärten kultiviert.

Beschreibung:
Ewa 60 cm hoher dornenloser Strauch mit lineal-lanzettlichen Blättern. Aufrechte Blütentrauben mit leuchtend gelben Schmetterlingsblüten. 6-10 rundliche, dunkle Samen in kahlen Hülsen. Blütezeit Juni-August.

Ähnliche Vertreter:
Auch zwergige oder höhere Formen mit größeren oder gefüllten Blüten und weitere Ginster-Arten mit ähnlichen Inhaltsstoffen.

Giftige Teile:
Besonders die Samen, aber auch die übrigen Pflanzenteile sind als giftig einzustufen.

Giftige Wirkstoffe und Toxizität:
Das Hauptalkaloid Cytisin neben weiteren Alkaloiden wie Anagyrin, Lupanin und Spartein.

Symptome:
In leichteren Fällen Übelkeit, Erbrechen und Durchfall. Bei schweren Vergiftungen kommen Schwindel, Schweißausbrüche und Krämpfe hinzu.

✚ Erste Hilfe:
Entfernen der Pflanzenteile aus dem Mund und reichlich Flüssigkeit aufnehmen.

Hinweise:
Arztvorstellung beim Auftreten von Symptomen.

Familie: Kreuzdorngewächse

⊕⊕ Faulbaum
Frangula alnus

(manchmal noch unter dem alten Namen Pulverholz, Zapfenholz

Vorkommen:
Natürlich in Kiefernwäldern, an Waldrändern, in Feuchtgebieten verbreitet. In Anlagen gepflanzt, häufig als frei wachsende Hecke.

Beschreibung:
Bis 5 m hoher, sommergrüner Strauch, seltener Baum mit wechselständigen, ungeteilten, eiförmigen, ganzrandigen Blättern, beiderseits der Mittelrippe mit 6-8 Seitennerven. Blüten weißlich grün, 5-zählig, zu 2-10 doldig auf ca. 2 cm langen Stielen in den Blattachseln. Früchte zuerst grüne, dann rote, später schwarze beerenartige Steinfrüchte, erbsengroß. Alle Reifestadien gleichzeitig am Strauch. Rinde des Strauches mit Korkwarzen. Blütezeit Mai-Juni; Fruchtzeit August-September.

56

Ähnliche Vertreter:
Kreuzdorn, *Rhamnus cathartica*, sehr ähnlich, aber mit bedornten Zweigen, Blätter mit 2-3 Paar Seitennerven. Geringere Giftwirkung als Faulbaum.
In Kultur auch immergrüne Arten. Schmuckwert besitzen vor allem Formen mit weiß gemusterten Blättern. Gehalt an giftigen Inhaltsstoffen bei Kultivaren weniger bekannt.

Giftige Teile:
Besonders die unreifen grünen Früchte sowie frische Rinde und Blätter.

Giftige Wirkstoffe und Toxizität:
Vorwiegend kommen Anthracenabkömmlinge (z. B. Anthranol-Glykoside wie das Glucofrangulin) vor. Giftig wirken etwa mehr als 5 gegessene, unreife Beeren. Von reifen Beeren können bis zu etwa 10 Stück beschwerdefrei gegessen werden (am Strauch meist alle Reifestadien gleichzeitig vorhanden).

Symptome:
In etwa 15 % der Vergiftungsfälle treten Übelkeit sowie Erbrechen und massiver Durchfall auf, meistens von Kolik begleitet.

✚ Erste Hilfe:
Pflanzenteile aus dem Mund entfernen und zu trinken geben.

Hinweise:
Da Kinder gern Früchte naschen, und die Eltern besonders bei Kleinkindern meist weder genaue Angaben über die Anzahl noch den Reifezustand der Beeren (rot oder schwarz) machen können, ist eine Arztvorstellung auch ohne (schnell eingetretene) Symptome zu empfehlen. In Abführmitteln verwendete Faulbaumrinde ist nie frisch, sondern abgelagert. Durch die Lagerung geht die drastische abführende Wirkung verloren.

57

Familie: Braunwurzgewächse

⊕⊕ Fingerhut, Roter
Digitalis purpurea

Waldglöckchen

Vorkommen:
Wild in Wäldern, auf Kahlschlägen. Als Zierpflanze in Gärten und Anlagen mit variierender Blütenfarbe von weiß bis dunkel-lila-rot.

Beschreibung:
Zweijährige Pflanze, im ersten Jahr große runzelige, unterseits graufilzige, oberseits flaumige Blätter in Rosetten; im zweiten Jahr geht ein 0,5 bis 1,5 m langer, aufrechter, unverzweigter Stängel hervor mit hellen bis lilaroten weitröhrigen, glockigen Blüten, ca. 5 cm lang, innen mit dunklen, weiß umrandeten Flecken; Blütezeit Juni-August. Früchte zweifächrige Kapseln mit zahlreichen kleinen, braunen Samen.

Ähnliche Vertreter:
Die geschützten und weniger verbreiteten heimischen gelben Fingerhut-Arten *Digitalis grandiflora* und *Digitalis lutea* führen seltener zu Vergiftungen. In Südosteuropa beheimat ist der Wollhaarige Fingerhut *Digitalis lanata* mit weißen, gelb-bräunlich gemusterten Blüten, der einen besonders hohen Glykosidgehalt aufweist und daher auch als Arzneipflanze angebaut wird.

Giftige Teile:
Alle Pflanzenteile wie Blätter, Blüten, und Samen. Sehr starke Schwankungen im Giftgehalt in Abhängigkeit vom Standort u. a. Umweltfaktoren. Alle Fingerhut-Arten sind giftig.

Giftige Wirkstoffe und Toxizität:
Viele herzwirksame Verbindungen (Steroid-Glykoside vom Kardenolidtyp) wie z. B. Digitoxin; ferner Saponine. Als tödlich wird die Aufnahme von 2-3 Blättern angesehen (s. a. Hinweise).

Symptome:
Übelkeit, heftiges Erbrechen, Seh- und Herzrhythmusstörungen.

✚ Erste Hilfe:
Ausspucken der Pflanzenteile, viel Flüssigkeit.

Hinweise:
Schwere Vergiftungen sind selten, da der bittere Geschmack der Pflanze und das danach meist von allein einsetzende Erbrechen die Aufnahme größerer Pflanzenmengen verhindern. Falls Symptome, schnelle ärztliche Behandlung.

Familie: Liliengewächse

⊕⊕ Germer, Weißer
Veratrum album

Läusewurzel

Vorkommen:
Natürlich im Hochgebirge auf feuchten Wiesen und Waldstellen; in Park- und Grünanlagen als Zierpflanze.

Beschreibung:
Aufrechte, bis 120 cm hohe Staude mit gelblich bis grünlich-weißen, sternförmigen Blüten in einem bis 60 cm langen Blütenstand. Blätter elliptisch-lanzettlich, spiralig angeordnet, durch starke Blattnerven längsfaltig, Blattscheiden stängelumhüllend. Blütezeit Juli-August. Wurzelstock aus mehreren fingerförmigen Einzelwurzeln von etwa gleicher Stärke zusammengesetzt.

Ähnliche Vertreter:
Weitere Germer-Arten mit ähnlichen Inhaltsstoffen mit dem ungiftigen Gelben Enzian zu verwechseln, der aber gegenständige Blätter besitzt.

Giftige Teile:
Alle Pflanzenteile, besonders aber der Wurzelstock.

Giftige Wirkstoffe und Toxizität:
Alkaloide wie Protoveratrin, Jervin u. a.. Mehr als 2 g der getrockneten Wurzel können sogar tödlich wirken.

Symptome:
Schleimhautbrennen, Niesen, Erbrechen, Durchfälle, Herzrhythmusstörungen. Empfindliche Personen bekommen durch Berühren der Blätter Hautreizungen.

✚ Erste Hilfe:
Ausspucken der Pflanzenteile, reichlich trinken. Betroffene Hautpartien abspülen.

Hinweise:
Selten Vergiftungen, höchstens durch Verwechslung mit dem Wurzelstock des Gelben Enzians, der zum Zubereiten des Enzianschnapses genutzt wird. Früher auch Vergiftungen durch Zusatz des Germers in Niespulvern, diese Zusätze sind heute nicht mehr zulässig.

⊕⊕ Gift-Hahnenfuß

Ranunculus sceleratus

Giftranunkel

Vorkommen:
Heimische Pflanze an Ufern, auf sehr feuchten Wiesen und Äckern, an staunassen Stellen in Gärten als Unkraut.

Beschreibung:
Einjährige Pflanze, aufrecht, 20 bis 60 cm hoch. Stängel röhrig, ästig, reichblütig. Grundständige und untere stängelständige Blätter 3-5-fach handförmig geteilt, lang gestielt, obere Stängelblätter meist einfach, sitzend. Blüten blassgelb, strahlig, 4-10 mm breit, 5 Kronblätter, etwa so lang wie der Kelch. Nüsschenartige Früchte bilden walzige Köpfe. Blütezeit Juni-Oktober.

Ähnliche Vertreter:
Viele Hahnenfuß-Arten in freier Natur und in Kultur. Die vielleicht häufigste Art ist der Scharfe Hahnenfuß, *R. acris*, auf Wiesen und an Wegrändern, der auch in mehreren Gartenformen als alte Bauerngartenpflanze kultiviert wird. Der Gehalt an giftigen Inhaltsstoffen ist jedoch bedeutend geringer als in der beschriebenen Art.

Giftige Teile:
Alle Teile der Pflanze.

Giftige Wirkstoffe und Toxizität:
Vorwiegend das Protoanemonin, das durch Trocknung in das ungiftige Anemonin übergeht.

Symptome:
Nach Aufnahme von Pflanzenteilen in etwa 10 % der Vergiftungsfälle Schleimhautreizungen in Mund und Rachen, Übelkeit, Erbrechen und im Extremfall blutiger Durchfall.
Bei Einwirkung des frischen Pflanzensaftes auf die Haut (z. B. Betreten frisch gemähter Wiesen oder Transport frisch gemähten Grases mit hohem Gift-Hahnenfuß-Anteil) Juckreiz, Hautschwellungen bis Blasenbildung.

✚ Erste Hilfe:
Ausspucken der aufgenommenen Pflanzenteile, reichlich Flüssigkeit aufnehmen. Waschen der betroffenen Hautpartien unter fließendem Wasser.

Hinweise:
Da es sich um keine attraktive Pflanze handelt, sind Unfälle durch gegessene Pflanzen selten. Bei Symptomen Arzt- bzw. Hautarztvorstellung.

Familie: Korbblütengewächse

⊕⊕ Gift-Lattich
Lactuca virosa

Vorkommen:
Zerstreut bis selten an Felshängen, auf Schotter.

Beschreibung:
50 bis 150 cm hohe ein- bis zweijährige Pflanze mit weißem Milchsaft, bei Trocknung bräunend. Stängel aufrecht, mit waagerecht gestellten, ungeteilten, buchtigen Blättern, deren Ränder und Mittelrippen stachelig besetzt sind. Hellgelbe Zungenblüten in selten geöffneten Körbchen, die rispig angeordnet sind. Schwarze, breit berandete Früchte mit langem Schnabel und Haarkranz. Blütezeit Juli-August.

Giftige Teile:
Vorwiegend der Milchsaft, der in der gesamten Pflanze vorkommt.

Giftige Wirkstoffe und Toxizität:
Die Sesquiterpenlactone (terpenähnliche Verbindungen) Lactucin und Lactupicrin, die im Milchsaft bis zu 3 % enthalten sein können.

Symptome:
Sie äußern sich in Kopfschmerzen, Schwindel und Schweißausbruch. Bei schweren Vergiftungen Beschleunigung der Atmung und Herztätigkeit.

✚ Erste Hilfe:
Nach dem Entfernen der Pflanzenteile aus dem Mund reichlich trinken.

Hinweise:
Infolge des seltenen Vorkommens, des unattraktiven Aussehens und des bitteren Geschmacks der Pflanze ist kaum mit einer Pflanzenaufnahme zu rechnen. Bei Vorliegen von Symptomen unbedingt Arztvorstellung.

Familie: Schmetterlingsblütengewächse

⊕⊕ Goldregen
Laburnum anagyroides

Bohnenbaum, Kleebaum

Vorkommen:
Natürliche Verbreitung nur in warmen Gebieten Mitteleuropas, sonst in Süd- und Südost-Europa in Wäldern und Dickichten. Zierstrauch in Gärten und Parkanlagen.

Beschreibung:
3-6 m hoher Strauch oder Baum mit graugrünen jungen Zweigen und 3-zähligen, lang gestielten Blättern, Einzelblättchen elliptisch, 3-8 cm lang. Gelbe, 2 cm lange Blüten in 10-30 cm langen, hängenden Trauben. Früchte 10-20 cm lange, bohnenartige, seidenhaarige Hülsen mit braunen Samen. Blütezeit Mai-Juni.

Ähnliche Vertreter:
Noch üppiger ist die in Italien beheimatete Art *L. alpinum* mit ähnlichen Inhaltsstoffen. Hybriden von beiden Arten, *L. x watereri*, die genauso giftig sind wie die Wildform. Noch weitere Hybriden in Kultur.

Giftige Teile:
Besonders die Hülsen mit den Samen sowie die Blüten.

Giftige Wirkstoffe und Toxizität:
Vorwiegend das Chinolizidin-Alkaloid Cytisin, das in den reifen Samen zu etwa 0,9 %, in den Blüten zu 0,9 % und in den Blättern zu 0,3 % enthalten ist. Mit einer Giftwirkung ist bei Kindern ab etwa 3 aufgenommenen Samen zu rechnen. Tödlich können etwa 20 Samen wirken. In einer Hülse sind zwischen 3 und 15 Samen enthalten, so dass die Aufnahme einer Hülse leichte bis schwerste Vergiftungssymptome hervorrufen kann.

Symptome:
Etwa 30 % aller Vergiftungen durch Goldregen verlaufen mit Symptomen. Nach etwa 15 Minuten bis 2 Stunden nach der Pflanzenaufnahme tritt Brennen der Mund- und Rachenschleimhäute auf, begleitet von Durst, Speichelfluss, Zittern und häufig lang anhaltendem Erbrechen. In schweren Fällen stellen sich Krämpfe und Herz-Kreislauf-Probleme ein.

✚ Erste Hilfe:
Ausspucken von Pflanzenteilen sowie reichlich Flüssigkeitsaufnahme.

Hinweise:
Durch das schnell einsetzende Erbrechen werden meistens keine größeren Pflanzenmengen aufgenommen. Schnelle Arztvorstellung sollte dennoch schon in Anbetracht der schlecht einzuschätzenden aufgenommenen Mengen an Samen erfolgen. Die häufig angebaute Hybride *L. x wateri* ist genauso giftig wie die Wildform.

66
67

Familie: Hartriegelgewächse

⊕ Hartriegel, Blutroter
Cornus sanguinea

Vorkommen:
Natürlich in Gebüschen, Laubwäldern. In Parkanlagen als Gebüsche und Hecken, in Gärten selten kultiviert.

Beschreibung:
2 bis 5 m hoher, sommergrüner Strauch mit einseits rot gefärbten Zweigen. Blätter gegenständig, ungeteilt, spitz eiförmig, bis 10 cm lang, mit 3-4 Nervenpaaren, beiderseits grün, im Herbst rot. Kleine weiße Blüten in 5 cm breiten Schirmrispen. Die Früchte sind blauschwarze, erbsengroße Steinfrüchte. Blütezeit Mai-Juni. Fruchtreife ab August.

Ähnliche Vertreter:
Auch andere zahlreiche Arten der Gattung mit auffallend gefärbten Hochblättern als Ziersträucher angepflanzt. Wechselnder Gehalt an giftigen Inhaltsstoffen, einige Arten ungiftig (z. B. die Kornelkirsche, *C. mas*, ein Frühblüher und Wildobst).

Giftige Teile:
Blätter, besonders die Behaarung der Blätter und Früchte (nur unter der Lupe erkennbar), Wurzeln, geringer giftig die Früchte.

Giftige Wirkstoffe und Toxizität:
Das Cornin (schwach giftig) und Calziumkarbonat in den Haaren (mechanische Hautreizung).

Symptome:
In etwa 10 % der Vergiftungsfälle treten Symptome auf. Obwohl die rohen Früchte fast ungenießbar sind, werden sie vereinzelt von Kindern aufgenommen. Blätter werden bisweilen ebenfalls zerkaut. Übelkeit mit Erbrechen kann auftreten.
Häufiger sind bei empfindlichen Personen länger anhaltender Juckreiz und Hautrötungen nach Berühren der Blatt- und Fruchthaare zu beobachten.

✚ Erste Hilfe:
Entfernen der Pflanzenteile aus dem Mund und Flüssigkeit verabreichen. Betroffene Hautpartien abwaschen.

Hinweise:
Bei Symptomen Arzt-/Hautarztvorstellung.

Familie: Geißblattgewächse

⊕ Heckenkirsche, Gemeine
Lonicera xylosteum

Vorkommen:
In heimischen krautreichen Laubwäldern, an Waldrändern und Gebüschen. Kalkhold. Als Zierstrauch in Gärten und Anlagen.

Beschreibung:
1 bis 2 m hoher, sommergrüner, dicht buschiger Strauch mit gegenständigen, breit eiförmigen, ca. 6 cm langen, beiderseits weichhaarigen Blättern. Blüten gelblich weiß, oft rosa überlaufen, 2-lippig, paarweise an einem Stiel. Beeren auffallend rot, seltener gelb bis orange, glasig, erbsengroß, am Grunde paarig zusammengewachsen. Blütezeit Mai-Juni, ab Juli reifende Früchte.

Ähnliche Vertreter:
Zahlreiche Arten als Ziersträucher kultiviert, auch windende, kletternde oder bodendeckende Arten, mit meist attraktiv gefärbten, doldig angeordneten Blüten, Beerenfrüchte. Wechselnder, oft unbekannter Gehalt an giftigen Inhaltsstoffen.

Giftige Teile:
Vorwiegend die Blätter und Beeren.

Giftige Wirkstoffe und Toxizität:
Starke Schwankungen und unterschiedliche Angaben des Wirkstoffgehaltes. Wahrscheinlich können vorkommen: Triterpen-Saponine, ein Alkaloid sowie ein chemisch nicht näher analysierter „Bitterstoff", das Xylostein. Entsprechende Schwankungen bei der Toxizität, z. B. ab 4 bis 20 ! aufgenommene Beeren.

Symptome:
Bei etwa 15 % der Vergiftungsfälle werden Übelkeit und Erbrechen beobachtet. Herz-Kreislauf-Probleme meistens erst ab 30 Beeren bei Kindern.

✚ Erste Hilfe:
Entfernen der Pflanzenteile aus dem Mund und reichlich Flüssigkeit verabreichen.

Hinweise:
Auch andere Heckenkirschen-Arten sowie deren Sorten sind als kaum giftig einzustufen. Falls Symptome auftreten, Arztvorstellung.

Familie: Liliengewächse

⊕⊕⊕ Herbst-Zeitlose

Colchicum autumnale

Michelsblume

Vorkommen:
Natürlich auf feuchten Wiesen und Weiden, in Deutschland im Süden verbreitet bis in die Gebirgsregionen, im Norden selten oder fehlend. In Gärten und Anlagen kultiviert.

Beschreibung:
Grüne Pflanze bis 40 cm hoch, blühende Pflanze 10-20 cm hoch. Blüten hell lilarosa, 6-teilig, unten zu einer Röhre verwachsen; einzeln oder zu 2 aus der tief im Boden liegenden Knolle hervorgehend, im Herbst erscheinend, wenn die grünen Blätter abgestorben sind. Frucht eine 3-fächrige Kapsel, bis 5 cm lang, zuerst grün, dann braun, runzlig. Schwarzbraune Samen mit klebrigen Anhängseln. Blätter ähnlich schmalen Tulpenblättern, im Frühjahr erscheinend, die Frucht umschließend, nach Fruchtreife absterbend. Blütezeit August-Oktober, Fruchtzeit April-Juni.

Ähnliche Vertreter:
Mehrere Arten, meist in Südeuropa /Türkei/ Kaukasus beheimatet und neben zahlreichen Kulturformen (auch mit gelben, weißen oder gefüllten Blüten) in Gärten und Anlagen angepflanzt.

Giftige Teile:
Die gesamte Pflanze, besonders aber die Samen und die Knolle.

Giftige Wirkstoffe und Toxizität:
Vorwiegend das Tropolon-Alkaloid Colchicin, das bis über 1 % in der Pflanze enthalten sein kann. Der Alkaloidgehalt steigt mit zunehmender Samenreife an. Bei Kindern kann bereits die Aufnahme von 3 Samen und das Aussaugen einer Blüte toxisch wirken. Als tödlich werden 1 g Samen für das Kind und 5 g Samen für den Erwachsenen angesehen. Für Erwachsene wirken auch 50 g aufgenommene Blätter tödlich.

Symptome:
Erst etwa 2-12 Stunden nach Pflanzenaufnahme treten Brennen und Kratzen von Mund- und Rachenschleimhaut, Schweißausbrüche, Erbrechen und blutiger Durchfall auf. Im weiteren Verlauf der Vergiftung, etwa 24-27 Stunden nach Pflanzenaufnahme Blutdruckabfall, Atemnot und Herzversagen.
Nach dem Überstehen von Vergiftungen werden Veränderungen des Blutbildes und Haarausfall beobachtet.

+ Erste Hilfe:
Ausspucken der aufgenommenen Pflanzenteile und reichlich zu trinken geben.

Hinweise:
In Anbetracht der spät einsetzenden Symptome bei der Vergiftung, sofortige Artzvorstellung nach Pflanzenaufnahme, nach größeren aufgenommenen Pflanzenmengen Notarztbenachrichtigung.

Familie: Doldengewächse

⊕⊕ Herkuleskraut
Heracleum mantegazzianum

Riesen-Bärenklau, Bauernrhabarber

Vorkommen:
Heimat Kaukasus. In Gärten und Anlagen früher als Solitärpflanze angepflanzt, sollte nicht mehr gepflanzt werden. In Mitteleuropa verwildert an Flussufern, an Wegrändern, auf Waldschneisen, Ödlandflächen, Schutt.

Beschreibung:
2-4 m hohe, kurzlebige Staude oder zweijährige Pflanze. Stängel am Grunde ca. 10 cm dick, rot gesprenkelt und rauhhaarig wie die Blätter.Blätter gefiedert oder 3-teilig, Einzelblätter 5-schnittig, zugespitzt, Blattspreite bis 1 m lang. Weiße Blüten in zusammengesetzten, bis 50 cm breiten Dolden. Spaltfrucht (trocken) mit behaarten Randflügeln. Blütezeit Juli-September.

Ähnliche Vertreter:
Der bedeutend kleinere (ca. 60 cm hohe) heimische Wiesen-Bärenklau, *H. sphondylium*, ist auf Wiesen und an Wegrändern weit verbreitet und verursacht meist in abgeschwächter Form ähnliche Symptome.

Giftige Teile:
Alle Pflanzenteile, besonders aber die Blätter im Frühjahr.

Giftige Wirkstoffe und Toxizität:
Furanocumarine wie Bergapten u. a..

Symptome:
Nur nach Lichteinwirkung, besonders durch Sonnenbestrahlung! In etwa 40 % der Vergiftungsfälle treten Hautjucken, -rötungen und Blasenbildung auf. Die Blasen können einen Durchmesser bis zu 3 cm erreichen; häufig stellen sich zusätzlich Kreislaufprobleme ein. Das Abheilen der Blasen erfolgt in einem Zeitraum von 1-2 Wochen, häufig mit Verbleib von Narben. Das gesamte Vergiftungsbild wird als Phytophotodermatitis bezeichnet.
Besonders durch den Pflanzensaft, der beim Mähen und Transport des Pflanzenmaterials auf die Haut gelangt. Bei Kindern Vergiftungen durch den Pflanzensaft, der beim Anfertigen von Blasrohren austritt. Aber auch alleiniger Hautkontakt mit den Blättern kann zu Symptomen führen.

✚ Erste Hilfe:
Intensiv abwaschen und betroffene Hautpartien abdecken! Meiden von Licht und besonders Sonne!

Hinweise:
Bei Symptomen Hautarztvorstellung. Essen von Pflanzenteilen kaum zu erwarten, da keine Ausbildung attraktiver Früchte.

74

Familie: Liliengewächse

⊕⊕ Kaiserkrone
Fritillaria imperialis

Alle wildwachsenden Exemplare der Gattung geschützt

Vorkommen:
Attraktive Zierpflanze in Gärten und Anlagen. Heimat Süd-Türkei bis Kaschmir.

Beschreibung:
Zwiebelpflanze mit einem aufrechten, ca. 1 m hohen, meist

dunkel gefärbten, dicken Stängel; daran quirlförmig angeordnete hellgrüne, lanzettliche, 6-8 cm lange Blätter. Nach einem ca. 40 cm blattfreien Abschnitt an der Spitze des Stängels meist 6 hängende, leuchtend orangerote, glockenförmige, 6 cm lange Blüten, über denen schopfartig ein Quirl aus grünen Hochblättern steht. Hängende Kapselfrüchte mit braunen Samen. Pflanze mit strengem Geruch (Raubtiergeruch), besonders die ca. 7 cm große Zwiebel. Blütezeit April-Mai.

Ähnliche Vertreter:
Auch zahlreiche Arten aus dem Mittelmeerraum, Südwest-Asien und dem westlichen Nordamerika. Von der beschriebenen Art auch Formen mit gelben oder roten Blüten kultiviert. Heimisch auf Wiesen ist die kleine, zierliche, geschützte Schachblume *F. meleagris*, die ebenfalls als Zierpflanze in mehreren Farbsorten kultiviert wird.

Giftige Teile:
Vorwiegend Zwiebel und Blüten, evtl. auch Blätter und Stängel.

Giftige Wirkstoffe und Toxizität:
Vorwiegend in den Zwiebeln und Blüten die Alkaloide Imperialin und Fritillin. Blüten, Blätter und Stängel enthalten evtl. auch das Tuliposid Tulipalin wie die Tulpen.

Symptome:
Übelkeit mit Erbrechen im Vordergrund, bei stärkeren Vergiftungen auch Herz-Kreislaufprobleme.
Bei häufigem Umgang mit den Pflanzen, z. B. als Gärtner, durch Hautkontakt Reizungen möglich.

+ Erste Hilfe:
Entfernen von Pflanzenteilen aus dem Mund und reichlich trinken. Bei Hautkontakt die betroffenen Stellen abwaschen.

Hinweise:
Arzt- bzw. Hautarztvorstellung.

78

79

Familie: Kermesbeerengewächse

⊕⊕ Amerikanische Kermesbeere *Phytolacca americana*

Vorkommen:
Zierpflanze in Gärten und Anlagen, teilweise verwildert. Heimat Nordamerika.

Beschreibung:
Bis 2 m hohe Staude mit purpurrotem, aufrechtem, verzweigtem Stängel, grünlich weiße Blüten mit 10 Staubblättern und 10 verwachsenen Fruchtblättern in zunächst abstehenden, später bogig überhängenden, ca. 20 cm langen Trauben. Fruchttrauben bis 30 cm lang, mit dunkelroten, zuletzt schwarzen, glänzenden, beerenartigen ungerippten Sammelfrüchten an roten Stielen. Blätter eiförmig bis lanzettlich, ganzrandig, kurz gestielt. Blütezeit Juni-August, Fruchtzeit Juli-Oktober. Rübenförmige Wurzel.

Ähnliche Vertreter:
Geringer toxisch ist die bis 1 m hohe Asiatische Kermesbeere *Phytolacca esculenta* mit grünen Stängeln und aufrechten Blütenständen sowie 8 Staub- und Fruchtblättern. Beeren gerippt.

Giftige Teile:
Alle Pflanzenteile, besonders die Beeren (Samen) und Wurzeln.

Giftige Wirkstoffe und Toxizität:
Triterpensaponine (z. B. Phytolaccatoxin) und weitere Saponine. Mehr als 10 rohe Kermesbeeren wirken beim Erwachsenen toxisch, bei Kindern eine geringere Beerenanzahl. Reife Beeren sollen weniger giftig sein als unreife.

Symptome:
Die Pflanzenaufnahme kann zu Übelkeit, Erbrechen und starken Durchfällen führen (in etwa 10 % der Vergiftungsfälle). Nach Aufnahme größerer Pflanzenmengen sind Krämpfe möglich. Der Pflanzensaft kann Hautreizungen bedingen.

+ Erste Hilfe:
Entfernung der Pflanzenteile aus dem Mund, anschließend reichlich trinken.

Hinweise:
Bei Symptomen Azt- bzw. Hautarztvorstellung. Wegen des brombeerähnlichen Aussehens der Früchte werden diese besonders gern von Kindern gegessen.

Beschreibung:
1-3 m hoher, ausgebreiteter Strauch, selten bis 5 m hoher Baum; mit immergrünen, 8-15 cm langen Blättern, verkehrt eiförmig, mit umgebogenem Rand, lederartig, oberseits glänzend. Blüten weiß, 8 mm breit, strahlig, in aufrechten, dichtblütigen Trauben. Früchte gut erbsengroß, kugelig-eiförmige Steinfrüchte, zuerst grün, dann rot, später schwarz, glänzend. Blütezeit April-Mai, Fruchtreife Juli-August.

Ähnliche Vertreter:
Zahlreiche Gartenformen, von denen einige als geschnittene Hecken einen guten Sichtschutz darstellen. Auch zierlichere und bedeutend kräftigere Vertreter.

Giftige Teile:
Besonders junge Blätter und Samen, aber kaum das Fruchtfleisch.

Giftige Wirkstoffe und Toxizität:
Blausäurehaltige Verbindungen (cyanogene Glykoside) wie Prunasin, das in jungen Blättern eine Konzentration bis über 2 % erreichen kann. Nach der Aufnahme von mehr als 3 Früchten kann mit Vergiftungserscheinungen gerechnet werden.

Familie: Rosengewächse

⊕⊕ Kirschlorbeer
Prunus laurocerasus

Lorbeerkirsche

Vorkommen:
Heimat nördliches und östliches Mittelmeergebiet, Kaukasus. Häufiger Zierstrauch in Gärten und Anlagen, zuweilen verwildert.

Symptome:
In etwa 5 % der Vergiftungsfälle treten Symptome auf: Kratzen in Mund und Rachen, Gesichtsröte, Erregung sowie evtl. Herz-Kreislaufprobleme. Eine Blausäure-Vergiftung ist nur im Extremfall nach dem Zerkauen vieler Samen und Blätter möglich!

+ Erste Hilfe:
Ausspucken der Pflanzenteile, reichlich trinken.

Hinweise:
Arztvorstellung bei Symptomen.

Familie: Zypressengewächse

⊕⊕ Lebensbaum Abendländischer
Thuja occidentalis

Hecken-Thuja, Friedhofsbaum

Vorkommen:
Heimat Nordamerika. Zierbaum, oft als Hecke angepflanzt.

Beschreibung:
Bis 15 m hoher Baum, Stamm von unten an mit Seitenästen. Äste waagerecht oder schräg gestellt. Blätter schuppig, dachziegelig, oberseits dunkelgrün, unterseits matt. Blätter auf der Zweigoberseite mit drüsigem Höcker. Blüten eingeschlechtig, weibliche als gelbgrüne Sternchen, männliche als endständige Kätzchen. Zapfen 1 cm lang, hellbraun, aus 8-10 Paar stumpfen Schuppen bestehend. Samen geflügelt. Blütezeit April-Mai.

Ähnliche Vertreter:
Viele Formen und Arten mit ähnlichen Inhaltsstoffen, u. a. der Morgenländische Lebensbaum, *Thuja orientalis*, mit flachen, senkrecht stehenden Ästen und grau bereiften Zapfen.

Giftige Teile:
Alle Pflanzenteile, vorwiegend aber die jungen Zweigspitzen.

Giftige Wirkstoffe und Toxizität:
Ätherisches Öl, das vorwiegend Monoterpene wie Thujon neben Fenchon, Sabinen u. a. enthält. Ferner Bitter- und Gerbstoffe sowie niedermolekulare Verbindungen, die vorwiegend bei der Holzverarbeitung (s. u.) frei werden. Der Gehalt an ätherischem Öl beträgt in den Zweigspitzen bis zu 1 %, in den Zapfen bis zu 0,4 %.

Symptome:
In etwa 15 % der Vergiftungsfälle treten Symptome auf, die sich in Husten, z. T. blutigem Erbrechen und Durchfällen mit starken Leibschmerzen äußern. Im Extremfall Magenschleimhautblutungen und Schäden an Niere und Leber. Asthmaanfälle können bei der Holzverarbeitung bei empfindlichen Personen auftreten, ebenso Hautausschläge bei längerem Kontakt mit den (abgeschnittenen) Zweigen.

✚ Erste Hilfe:
Entfernen der Pflanzenteile aus dem Mund und viel trinken. Nach Hautkontakt betroffene Stellen sorgfältig abwaschen.

Hinweise:
Da die Symptome durchaus schwerwiegend sein können, sicherheitshalber möglichst vor dem Einsetzen derselben Arztvorstellung! Evtl. Hautarztkonsultation.

83

82

Familie: Ölbaumgewächse

⊕ Liguster, Gemeiner

Ligustrum vulgare

Rainweide, Zaunriegel, Tintenbeere

Vorkommen:
In Wäldern und Gebüschen. Häufiger Zierstrauch.

Beschreibung:
1 bis 4 m hoher, sommer- oder wintergrüner Strauch mit gegenständigen, länglich lanzettlichen, lederartigen Blättern, ca. 6 cm lang. Kleine, 4-teilige Blüten in aufrechten, endständigen Rispen mit unangenehmem Geruch. Frucht eine erbsengroße, schwarze, glänzende Steinbeere mit 2 violetten Samen. Blütezeit Juni-Juli, reife Früchte oft über Winter am Strauch. Dichtbuschiger Strauch, oft in Gärten als Hecke geschnitten.

Ähnliche Vertreter:
Mehrere als Ziersträucher und für Hecken kultivierte Sorten; eine Gartensorte auch mit gelben Früchten.

Giftige Teile:
Vorwiegend die Beeren, Blätter und Rinde.

Giftige Wirkstoffe und Toxizität:
Der Bitterstoff Ligustrosid (ein Seco-Iridoid-Glykosid) sowie Saponine. In reifen Beeren bis zu 9 % des Bitterstoffs enthalten. Mit Vergiftungserscheinungen kann ab Aufnahme von 8 Beeren gerechnet werden.

Symptome:
In etwa 5 % der Vergiftungsfälle werden Symptome beobachtet, die sich in Übelkeit, Erbrechen, Durchfall und im Extremfall in Herz-Kreislaufkomplikationen äußern.
Bei empfindlichen Personen nach Pflanzenberührung, z. B. Schneiden von Hecken, Hautausschläge (Ligusterekzem) sowie durch Einatmen der Pollen allergische Reaktionen möglich.

✚ Erste Hilfe:
Entfernen der Pflanzenteile aus dem Mund und reichlich trinken. Betroffene Hautpartien unter fließendem Wasser gut abspülen.

Hinweise:
Gut gepflegte Liguster-Hecken bilden infolge des regelmäßigen Schnitts kaum Beeren aus; anders bei ungeschnittenen Hecken und freistehenden Sträuchern. Meistens nehmen aber selbst Kinder Abstand vom Essen der bitter schmeckenden Beeren.

Familie: Schmetterlingsblütengewächse

⊕ Lupine, Vielblättrige
Lupinus polyphyllus

Wolfsbohne

Vorkommen:
An Böschungen, Waldrändern, auf Kahlschlägen verwildert. Verbreitete Zierpflanze, Heimat Nordamerika.

Beschreibung:
80-120 cm hohe Staude mit 12-mehrzählig gefingerten Blättern, Blättchen lanzettlich, unterseits seidig behaart. Schmetterlingsblüten blau, rot, weiß oder rosa, in 30-50 cm langen aufrechten, endständigen Trauben. Früchte dicht behaarte vielsamige Hülsen, ca. 6 cm lang. Wegen der Knöllchenbakterien an den Wurzeln auch zur Gründüngung angebaut. Blütezeit Juni-August.

Ähnliche Vertreter:
Mehrere Kulturpflanzenarten (Futter- und Gründüngungspflanzen, von denen die Gelbe Lupine, *L. luteus*, zu erwähnen wäre) und formenreiche Zierpflanzenarten mit auffallend schönen, bunten Blüten und geringerem Giftstoffgehalt.

Giftige Teile:
Alle Pflanzenteile, besonders die Samen und das Kraut.

Giftige Wirkstoffe und Toxizität:
Chinolizidin-Alkaloide wie Lupanin als Hauptalkaloid, daneben Spartein u. a. Nebenalkaloide. Mit Giftwirkung ist ab der Aufnahme von 2 Hülsen (mit je 6-8 Samen) zu rechnen. Die Gelbe Lupine, *L. luteus*, enthält als Hauptalkaloid Spartein.
Der Alkaloidgehalt unterliegt starken Schwankungen: Zierpflanzen und Futterpflanzen (Süßlupinen) sind alkaloidfrei bis gering alkaloidhaltig.

Symptome:
In etwa 5 % der Vergiftungsfälle treten Speichelfluss und Erbrechen auf. Herzrhythmusstörungen in seltenen Fällen.

✚ Erste Hilfe:
Pflanzenteile aus dem Mund entfernen und reichlich trinken.

Hinweise:
Lupinensamen wirken entschieden giftiger, wenn sie infolge feuchter Witterung und Überreife bereits verpilzt sind. Pilzgifte (Mykotoxine) können dann zu starken Magen-Darm- u. a. Symptomen führen.

Familie: Liliengewächse

⊕⊕ Maiglöckchen
Convallaria majalis

Maiblume

Vorkommen:
In Laub- und Kiefernwäldern, unter Gebüschen. Zierpflanze in Gärten und Parkanlagen.

Beschreibung:
Ausdauernde Pflanze mit Rhizomen, 15-20 cm hoch. Elliptische, parallelnervige Blätter zu 2-3 an der Spitze des verzweigten Wurzelstocks. Blattgrund in einen langen Stiel verschmälert. Weiße Blüten, halbkugelig, glockig, mit zurückgebogenen Zipfeln, in einseitswendigen, nickenden Trauben. Früchte rote, erbsengroße Beeren mit 2-3 blauen Samen. Blütezeit Mai-Juni, Fruchtreife Juli-August.

Ähnliche Vertreter:
Art in mehreren Varietäten und Formen, auch rosa Blüten oder hell geaderten Blättern.

Giftige Teile:
Besonders Samen, Blüten, Blätter und die Fruchtschale (Fruchtfleisch weitestgehend ohne giftige Wirkstoffe).

Giftige Wirkstoffe und Toxizität:
Herzwirksame Steroid-Glykoside vom Kardenolid-Typ wie Lokundjosid, Convallosid, Convallatoxin u. a. sowie Steroid-Saponine (in Blüten und Fruchtschale). Die durchschnittliche Konzentration der Herz-Glykoside in Blüten, Samen und jungen Blättern beträgt ca. 0,4 %, im Wurzelstock 0,2 % und in älteren Blättern nur noch 0,01 %.
Mit Vergiftungserscheinungen ist nach Aufnahme von 4 Beeren mit ca. 8-24 Samen zu rechnen (Giftwirkung durch die Inhaltsstoffe der Samen und der Fruchtschale s. o.!).

Symptome:
In ca. 10 % der Vergiftungsfälle treten Symptome als Übelkeit, Erbrechen und Durchfall auf (vorwiegend bedingt durch Steroid-Saponine). Herzrhythmusstörungen erst nach Aufnahme größerer Pflanzenmengen, da die Herzglykoside vom menschlichen Organismus (Magen, Darm) nur zu 10 % verwertet (resorbiert) werden.

✚ Erste Hilfe:
Entfernen der Pflanzenteile aus dem Mund und reichlich Flüssigkeit aufnehmen.

Hinweise:
Infolge des bitteren Geschmacks der roten Beeren meist keine Aufnahme größerer Mengen. Auf jeden Fall aber Arztvorstellung.

Familie: Nachtschattengewächse

⊕⊕ Nachtschatten, Bittersüßer
Solanum dulcamara

Stinkwurz, Mäuseholz

Vorkommen:
In feuchten Gebüschen, an Ufern, Mauern, Gartenzäunen.

Beschreibung:
30-150 cm hohe, ausdauernde Pflanze. Stängel kantig, unten verholzt, oben krautig, windend. Blätter herzeiförmig, z. T. mit 1 Paar seitlich abstehenden Lappen. Blüten strahlig, violett, gelbe Staubblätter kegelförmig zusammenneigend. Blüten 15 mm breit, in lockeren Rispen. Früchte rote Beeren, eiförmig, 13 mm lang, hängend. Blütezeit Juni-August, ab Juli auch mit reifen Beeren.

Ähnliche Vertreter:
Den einjährigen bis 50 cm hohen Schwarzen Nachtschatten, *S. nigrum*, mit weißen Blüten und schwarzen, runden Beeren findet man in Gärten und auf Feldern als Unkraut.
Zu der Gattung Nachtschatten, *Solanum*, gehört auch die Kartoffel, *S. tuberosum*, deren Beeren (nicht die im Boden liegenden Knollen) der Toxizität der Beeren des Bittersüßen N. entsprechen. Verschimmelte oder faulige Knollen und die Keime an der Knolle im Frühjahr enthalten ebenfalls Giftstoffe, weniger die grünen Pflanzenteile.

Giftige Teile:
Besonders die grünen (unreifen) Beeren, außerdem die Blätter und Stängel – diese aber vorwiegend vor der Blüte. Reife Beeren sind nur noch gering giftig.

Giftige Wirkstoffe und Toxizität:
Steroid-Alkaloide wie Soladulcidin, Solasodin, Tomatidenol u. a. sowie Steroid-Saponine. Die Pflanze synthetisiert je nach geographischem Standort die genannten Steroidalkaloide in unterschiedlicher Konzentration. Mit zunehmender Reife der Pflanze werden die Steroid-Alkaloide in neutrale Saponine umgewandelt, so dass z. B. in reifen Beeren nur noch die ursprünglichen Steroid-Saponine giftig sind. Der Gesamtalkaloidgehalt schwankt zwischen 0,3 und 0,7 % (in der Trockensubstanz). Man kann davon ausgehen, dass ab etwa 4 unreifen und ab etwa 10 reifen Beeren Vergiftungserscheinungen auftreten.

Symptome:
Diese treten in etwa 10 % der Vergiftungsfälle 4-19 Stunden nach Pflanzenaufnahme auf und äußern sich in Kratzen in Mund und Hals, Übelkeit, Erbrechen und Durchfall. Bei schweren Vergiftungen kommen Krämpfe, Fieber und Atemnot hinzu. Bei ausschließlich aufgenommenen reifen Beeren überwiegt die Steroid-Saponin-Wirkung mit Schleimhautreizung in Mund, Rachen und Magen.

✚ Erste Hilfe:
Entfernen der Pflanzenteile aus dem Mund und reichlich trinken.

Hinweise:
Da an der Pflanze unreife (grüne) und reife (rote) Beeren gleichzeitig vorkommen, ist besonders bei Kindern kaum festzustellen, welche Früchte gegessen wurden! Arztvorstellung deshalb auch ohne bestehende Symptomatik angezeigt.

Familie: Spindelbaumgewächse

⊕⊕ Pfaffenhütchen, Europäisches

Euonymus europaeus

Spindelstrauch

Vorkommen:
Waldränder, Hecken, Gebüsche. In Gärten und Anlagen kultiviert.

Beschreibung:
Sommergrüner, 1,5 bis 4 m hoher Strauch mit 4-kantigen grünen Zweigen, ältere grau. Blätter gegenständig, elliptisch, mit fein gesägtem Rand, im Herbst sich leuchtend rot verfärbend. Blüten grünlich, 4-zählig, in wenigblütigen Trugdolden. Früchte 4-teilige rote Kapseln mit orangefarben umhüllten Samen, lang gestielt, in Büscheln hängend. Blütezeit Mai-Juni, Fruchtreife ab August.

Ähnliche Vertreter:
Mehrere, formenreiche Arten mit dekorativem Laub und auffallenden, teilweise auch gelben Früchten.

Giftige Teile:
Vor allem die Samen, Blätter und Rinde.

Giftige Wirkstoffe und Toxizität:
Als Haupt-Steroid-Glykosid das Evonosid (Kardenolidstruktur) neben dem nur in Samen vorkommenden Alkaloid Evonin. Mit Giftwirkung ist ab etwa 5 Samen zu rechnen. Ältere Angabe: Für den Erwachsenen sollen 36 Früchte tödlich sein!

Symptome:
In etwa 25 % der Vergiftungsfälle beginnt die Wirkung ca. 10 bis 16 Stunden nach Pflanzenaufnahme mit Übelkeit, Bauchschmerzen, Erbrechen und Durchfall. Schwere Vergiftungen bewirken zusätzlich Kollaps und Herzrhythmusstörungen.

✚ **Erste Hilfe:** Ausspucken der aufgenommenen Pflanzenteile und viel Flüssigkeitsaufnahme.

Hinweise:
In neuerer Zeit keine ernsthaften Vergiftungen gemeldet. Arztvorstellung aber auf jeden Fall nach Pflanzenaufnahme.

Familie: Heidekrautgewächse

⊕⊕ Polei-Gränke Rosmarinheide

Andromeda polifolia

94

Vorkommen:
Natürlich zerstreut in Hochmooren, kultiviert in Heidegärten.

Beschreibung:
15-30 cm hoher Zwergstrauch, kriechend bis aufsteigend, mit weiß-rosa, glockigen, erbsengroßen, nickenden Blüten, doldig angeordnet. Blätter wechselständig, immergrün, lederartig, lineal-lanzettlich, ganzrandig mit eingerolltem Rand. Frucht eine aufrechte, braune Kapsel.
Blütezeit Mai-August.

Ähnliche Vertreter:
Gartenformen mit ähnlichen Inhaltsstoffen. Widersprüchliche Angaben zur Menge der giftigen Wirkstoffe.

Giftige Teile:
Vorwiegend die Blüten und Blätter.

Giftige Wirkstoffe und Toxitzität:
Acetylandromedol (Andromedotoxin), das Diterpenstruktur besitzt.

Symptome:
Zunächst Übelkeit, Erbrechen und Schwindel. In schweren Fällen Krämpfe und verlangsamte Herztätigkeit.

✚ Erste Hilfe:
Nach dem Entfernen der Pflanzenteile aus dem Mund reichlich Flüssigkeit verabreichen.

Hinweise:
Die Pflanze wird selten aufgenommen, so dass kaum mit Intoxikationen zu rechnen ist, zumal auch Literaturangaben vorliegen, wonach die Pflanze kein oder wenig Andromedotoxin enthält.

Vergiftungen sind am ehesten nach dem Genuss von Honig aus Südosteuropa zu erwarten. Bei Symptomen dann unbedingt Arztvorstellung.

Familie: Heidekrautgewächse

⊕ Rhododendron-Arten
Rhododendron spp.

Alle wildwachsende Arten geschützt

Vorkommen:
In Parkanlagen und Gärten häufige Zierpflanzen mit formenreichen Arten, die von Nordamerika bis Asien, von Hochgebirgsregionen bis in Meereshöhe beheimatet sind.

Beschreibung:
0,2-1 m hohe Sträucher, als Ziersträucher bis 3 m hoch. Immergrüne und laubwerfende Arten; wechselständige, meist ledrige Blätter, ganzrandig, lang oval, elliptisch oder lanzettlich. Glockige, 5-zipflige Blüten in Doldentrauben, deren Größe und Farbe unterschiedlich ist: weiß, rosa, rot, violett, orange, gelb oder bunt. Früchte holzige, aufspringende Kapseln mit sehr kleinen, braunen Samen. Blütezeit: artenbedingt sehr unterschiedlich, die Wildpflanzen der Hochgebirge in Mitteleuropa im Juni-Juli, die meisten Ziersträucher im Mai-Juni, aber auch Frühblüher und Herbstblüher.

Ähnliche Vertreter:
Neben über 500 weltweit verbreiteten Arten mit mehreren Tausend Sorten gehören hierzu auch die geschützten Alpenrosen der Hochgebirge und die vielen als Azaleen bekannten Zimmer- und Gartenpflanzen.

Giftige Teile:
Blüten, besonders der Nektar, Blätter und Samen.

Giftige Wirkstoffe und Toxizität:
Toxischer Hauptwirkstoff das Acetylandromedol (frühere Bezeichnungen Grayanotoxin, Andromedotoxin) als Diterpen, weiterhin Rhododendrin. Äußerst starke Wirkstoffschwankungen sowohl bei den Arten in freier Natur als auch bei den Gartensorten und Zimmerpflanzen.

Symptome:
Bei leichteren Vergiftungen Brennen der Mund- und Rachenschleimhaut, Übelkeit, Erbrechen, Durchfall und Unruhe, bei schweren Vergiftungen können zusätzlich Schwindel, Koliken und Blutdruckabfall auftreten.
Bisweilen klagen Azaleenzüchter über Hautausschläge.

✚ Erste Hilfe:
Entfernen der Pflanzenteile aus dem Mund und viel zu trinken geben. Die betroffenen Hautpartien gründlich unter fließendem Wasser abspülen.

Hinweise:
Berichtet wird über toxischen Honig, der in der Türkei und Griechenland geerntet wurde. Viele Rhododendron-Arten enthalten dort besonders in dem von Bienen eingebrachten Nektar hohe Acetylandromedol-Konzentrationen.
Bei Symptomen Arzt-/Hautarztvorstellung.

Familie: Zypressengewächse

⊕⊕ Sadebaum
Juniperus sabina

Stinkwacholder

Vorkommen:
In Mitteleuropa natürlich als Hochgebirgspflanze der Alpen. Zierstrauch in Gärten, Parks und Anlagen.

Beschreibung:
Bis 2 m hoher, immergrüner Strauch mit liegendem oder aufsteigendem Stamm. Dachziegelartig anliegende, schuppenartige Nadeln mit einer Drüse auf der Unterseite, die unangenehm riecht oder abstehende Nadeln zu 3 in Quirlen. Männliche und weibliche Blüten. Hängende Beerenzapfen schwärzlich, blau bereift, schwach erbsengroß, darin 1-4 glänzend braune Samen mit winzigen Höckern. Blütezeit April-Mai.

Ähnliche Vertreter:
Durch den unangenehmen Geruch von ähnlichen Arten unterschieden. Der Virginische Wacholder, *J. virginiana*, mit vergleichbarem Wirkstoffgehalt. Weitere zahlreiche Arten und Kultursorten, auch mit geringeren Wirkstoffgehalten, die sich vor allem in der Wuchsform und -größe (sowohl niedrige, bodendeckende, als auch bis 6 m hohe) unterscheiden.

Giftige Teile:
Alle Pflanzenteile, besonders aber die jungen Zweigspitzen, Nadeln und Beerenzapfen.

Giftige Wirkstoffe und Toxizität:
Vorwiegend ätherisches Öl mit den Monoterpenen Sabinen, Sabinylacetat und Sabinol. In den Nadeln zusätzlich Podophyllotoxin (ein Lignanabkömmling). Das ätherische Öl ist in den Zweigspitzen bis zu 5 % und in den Beerenzapfen bis zu 3 % enthalten. Giftig wirkt schon etwa 1 g der Zweigspitzen.

Symptome:
In ca. 30 % der Vergiftungen Symptome, zunächst starker Speichelfluss, Erbrechen, Durchfall und Krämpfe, später können, je nach Schwere der Vergiftung Herz-Kreislaufprobleme, blutiger Urin und Lähmungserscheinungen folgen.
Bei empfindlichen Personen durch Berührung (z. B. beim Beschneiden der Zweige) schwere Hautreizungen bis zur Blasenbildung möglich.

✚ Erste Hilfe:
Ausspucken der aufgenommenen Pflanzenteile und reichlich trinken. Abwaschen der betroffenen Hautpartien unter fließendem Wasser.

Hinweise:
Infolge des unangenehmen Geschmacks und des für Kinder unattraktiven Aussehens (keine auffallend farbigen Früchte) wird die Pflanze selten gegessen. Falls doch, in Anbetracht der evtl. zu erwartenden schweren Symptomatik, Arztvorstellung. Bei Hautproblemen Hautarztkonsultation.

96

97

Familie: Doldengewächse

⊕⊕⊕ Schierling, Gefleckter
Conium maculatum

Mäusedolde, Becherkraut

Vorkommen:
Auf trockenen Standorten an Wegrändern, Zäunen, auf Schutt, mitunter als Unkraut in vernachlässigten Gärten.

Beschreibung:
Zweijährige Pflanze, 0,8-2 m hoch, mit aufrechtem, rundem Stängel, fein gerillt, blaugrün, ohne borstige Behaarung, unterer Teil braunrot gefleckt, oberer sehr ästig. Kraut, besonders welkendes, mit strengem Geruch. Blätter dunkelgrün, glänzend, 3-fach fiederteilig, Blättchen mit gesägtem Rand und weiß bespitzten Zipfeln. Blüten weißlich, in 10-20-strahligen, zusammengesetzten Dolden, am Grunde mit vielblättriger Hülle, die Döldchen mit 3-5 Hüllchenblättern. Grünlich graue Spaltfrüchte, 3 mm lang, etwas zusammengedrückt, mit wellig gekerbten Rippen. Blütezeit Juni-September.

98
99

Ähnliche Vertreter:
Zahlreiche Doldengewächse, die sich für den Laien ähneln, daher die Kombination Geruch-Fleckung-weiße Blattspitzen-Fruchtform beachten.

Giftige Teile:
Die gesamte Pflanze, besonders aber die Früchte.

Giftige Wirkstoffe und Toxizität:
Unter den Piperidin-Alkaloiden vorwiegend das Coniin, das wie Mäuseurin riecht. Der Gesamtalkaloidgehalt ist am höchsten in der nicht ganz ausgereiften Pflanze und beträgt zu diesem Zeitpunkt in der Frucht bis zu 3,5 %, in der gesamten Pflanze bis zu 2,0 %. Getrocknete Pflanzen weisen eine hohe Abnahme der Alkaloidkonzentration auf. Für den Menschen werden 0,5-1,0 g Coniin als tödlich angegeben.

Symptome:
Sie treten in etwa 20 % der Vergiftungsfälle auf und setzen in 1-2 Stunden nach der Pflanzenaufnahme ein. Zunächst Brennen in Mund und Rachen, starkes Speicheln, Erbrechen sowie Lähmung der Zunge. In schweren Fällen folgen Muskelzittern, Krämpfe, an den Füßen beginnende aufsteigende Lähmung und im Extremfall Atemlähmung (s. Beschreibung des Todes von Sokrates durch Plato). Coniin wird auch über die Haut aufgenommen.

✚ Erste Hilfe:
Entfernen aufgenommener Pflanzenteile aus dem Mund und reichlich trinken. Unter fließendem Wasser sorgfältig die betroffenen Hautpartien abspülen.

Hinweise:
Obwohl die Pflanze wegen ihres widerlichen Geruchs und des unattraktiven Aussehens selten gegessen wird, ist in Anbetracht zu erwartender lebensgefährlicher Symptome schnellste Arztvorstellung bzw. Notarzt erforderlich.

Familie: Mohngewächse

⊕⊕ Schlaf-Mohn
Papaver somniferum

Vorkommen:
Kultur- und Zierpflanze.

Beschreibung:
40 -150 cm hohe, aufrechte, einjährige Pflanze mit weißem Milchsaft. Blüten 6-10 cm breit, mit 4 Blumenkronblättern, weiß oder violett, am Grunde mit schwarzen Flecken. Blätter blaugrün, bereift, tief gelappt, stängelumfassend. Frucht eine kugelige Kapsel, etwa 5 cm lang und 4 cm breit, bisweilen größer, mit zahlreichen kleinen, blaugrauen, weißen oder schwarzen Samen. Blütezeit Juni-August.

Ähnliche Vertreter:
Zahlreiche Zierformen, teilweise gefüllt und Arten mit gelben, orangefarbenen, weißen und roten Blüten, deren toxische Inhaltsstoffe meist geringer sind als von der beschriebenen Art.

Giftige Teile:
Besonders die unreifen Kapseln, aber auch der Milchsaft. Reife Samen auf und in Lebensmitteln sind unbedenklich.

Giftige Wirkstoffe und Toxizität:
Von den vielen giftigen Alkaloiden sind die bekanntesten das Morphin, Codein und Papaverin. Im „Opium" – dem getrockneten Milchsaft des Schlaf-Mohns – sind Morphin zu 15 %, Codein zu 1 % und Papaverin auch zu 1 % enthalten. Dieser prozentuale Anteil ist stark sorten-, boden- und klimaabhängig. Lebensgefährlich für den Menschen können mehr als 0,2 g Morphin sein.

Symptome:
Auftreten narkoseähnlicher Zustände wie Muskelerschlaffung und Pupillenverengung. In schwerwiegenden Fällen Atemdepression. Beim Umgang mit dem frischen Pflanzenmaterial (z. B. in pharmazeutischen Fabriken) sind bei empfindlichen Personen Hautreizungen möglich.

+ Erste Hilfe:
Entfernen der aufgenommenen Pflanzenteile aus dem Mund und reichlich trinken.

Hinweise:
Bei Symptomen Arztvorstellung. Vergiftungen sind selten und treten dann meist durch unsachgemäße medizinische Anwendung der pflanzlichen Droge durch Laien auf. Die reifen Samen enthalten kaum Alkaloide. Getrocknete Schlafmohnkapseln dürfen in Blumengeschäften erst nach einer verfahrensmäßig festgelegten Morphinextraktion verkauft werden (kein Verkauf frischer Mohnkapseln).

Familie: Geißblattgewächse

⊕ Schneeball, Gemeiner
Viburnum opulus

Wasserschneeball

Vorkommen:
Gebüsche in Feuchtgebieten, Laubwäldern, an Ufern. Zierstrauch.

Beschreibung:
1,5 bis 3 m hoher, sommergrüner Strauch, selten Baum, mit gegenständigen, 3-5-lappigen Blättern, beiderseits grün. Blüten weiß, in Trugdolden; innere glockig, fruchtbar, äußere radförmig, sehr groß, unfruchtbar. Frucht eine rote, erbsengroße Beere, einsamig, flacher Stein. Blütezeit Mai-Juni, Fruchtreife ab August.

Ähnliche Vertreter:
Kultivierte Zierformen auch mit ausnahmslos sterilen Blüten („Schneebälle"), die keine Früchte tragen. Auch Formen mit gelben Früchten. Gattung mit vielen Zierarten, wie *V. rhytidophyllum* mit ca. 10 cm langen, immergrünen, runzligen Blättern, mit sternförmigen Haaren besetzt, die bei Hautkontakt und Einatmen allergische Reaktionen bedingen können. Weitere Arten auch mit gelben, blauen oder schwarzen Früchten.

Giftige Teile:
Blätter, Rinde, weniger die unreifen Früchte.

Giftige Wirkstoffe und Toxizität:
Zu den giftigen Wirkstoffen liegen unterschiedliche Angaben vor. Höchstwahrscheinlich enthält die Pflanze Triterpene (Amyrine), aber auch Berichte zu Glykosiden wie Astralogin, Paenosid u. a. liegen vor. Ältere Literatur verweist auf den „Bitterstoff" Viburnin.

Giftig werden mehr als 7-10 Früchte angesehen (unreife giftiger als reife).

Symptome:
Überwiegend treten bei 15 % der Vergiftungsfälle nur Übelkeit, Erbrechen und Durchfall auf. Reife Früchte bewirken erst nach großen Mengen Vergiftungserscheinungen.

✚ Erste Hilfe:
Entfernen der Pflanzenteile aus dem Mund und viel trinken.

Hinweise:
Falls Symptome auftreten, Arztvorstellung.

Familie: Seidelbastgewächse

⊕⊕⊕ Seidelbast, Gemeiner
Daphne mezereum

Kellerhals, Pfefferstrauch, Brennwurz, Beißbeere. Alle wildwachsenden Exemplare europäischer Arten sind geschützt.

Vorkommen:
Laubwälder, Gebüsche, vorwiegend in Gebirgsregionen, kalkliebend. Häufiger Zierstrauch.

Beschreibung:
40 bis 150 cm hoher, sommergrüner Strauch mit grau-hellbraunen, wenig verzweigten Ästen. Blätter 8 cm lang, sehr kurz gestielt, länglich verkehrteiförmig, ganzrandig, gehäuft an den Zweigenden. Blüten im sehr zeitigen Frühjahr vor den Blättern erscheinend, rosa-rot, 4-zipflig, in dichter Folge an den Zweigen sitzend. Früchte rote, eiförmige Beeren, erbsengroß, mit einem großen, braunen Samen. Blütezeit März-April, Fruchtreife ab Juni.

Ähnliche Vertreter:
Auch Zierformen mit weißen Blüten und gelben Früchten. Mehrere Arten, auch niedrigere, meist in Gebirgsregionen verbreitete Arten, mit weißen, gelben oder roten Blüten als Zierformen kultiviert. Alle mit giftigen Inhaltsstoffen.

Giftige Teile:
Alle Pflanzenteile außer dem roten Fruchtfleisch.

Giftige Wirkstoffe und Toxizität:
Die Hauptwirkstoffe sind das Mezerein (ein Terpen), das vorwiegend in den Samen (0,04 %) vorkommt und das Daphnetoxin (ein Cyclopentenonderivat), das in der Rinde überwiegt. Tödlich können für den Erwachsenen 10 Beeren mit zerbissenen Samen sein, für Kinder weniger.

Symptome:
Diese treten in etwa 15 % der Vergiftungsfälle 15 Minuten nach Pflanzenaufnahme auf. Das Mezerein bewirkt extremes Brennen mit Blasenbildung im Mund. Ebenfalls äußerst starke Reizung der Rachen- und Magenschleimhaut, Übelkeit, Erbrechen und starker, z. T. blutiger Durchfall, starkes Speicheln, Schluckbeschwerden und Durst. Bei schweren Vergiftungen Herz-Kreislaufprobleme, Krämpfe und Kollaps. Diese Symptome können nach Beerenaufnahme nur bei zerbissenen Samen auftreten, wobei diese Frage bei Kleinkindern kaum zuverlässig beantwortet werden dürfte! Bei Einwirkung auf die Haut schnelle Rötung, Schwellung und starke Blasenbildung durch das Mezerein.

✚ Erste Hilfe:
Ausspucken der Pflanzenteile und sehr viel trinken. Bei Einwirkung auf die Haut die betroffenen Stellen ausgiebig unter fließendem Wasser abwaschen.

Hinweise:
Trotz des scharfen Geschmacks aller Pflanzenteile werden von Kindern besonders die attraktiven Beeren und Blüten aufgenommen. Unbekannt bleibt dabei meistens, ob die Samen zerbissen wurden oder nicht. Da aber lebensgefährliche Symptome auftreten können, schnellste Arztvorstellung, evtl. Notarzt. Bei Hautsymptomatik Hautarztvorstellung.

Familie: Nachtschattengewächse

⊕⊕⊕ Stechapfel
Datura stramonium

Stachelnuss, Teufelsapfel, Asthmakraut, Rauchapfel

Vorkommen:
Vernachlässigtes Gartenland, Schutt, Wegränder, an Waldwegen und Kahlschlägen. In den Alpen fehlend.

Beschreibung:
Einjährige, aufrechte, gabelästige Pflanze, 20-100 cm hoch, mit gestielten, unregelmäßig buchtig gezähnten Blättern. Blüten einzeln, aufrecht, bis 10 cm lang, weiß-violett, zwischen den Gabeln des Stängels. Blumenkrone trichterig, 5-zipflig, Kelch eine 5-zipflige Röhre. Frucht walnussgroß, eine 4-klappige, stark stachlige Kapsel mit braunen oder schwarzen, nierenförmigen Samen. Blütezeit Juli-August.

107
106

Ähnliche Vertreter:
Als Zierpflanzen kultivierte Datura-Arten mit aufrechten, teilweise gefüllten Blüten und schwach bestachelten Kapseln. *D. innoxia* oder *D. metel* mit ähnlichen giftigen Wirkstoffen. Siehe auch *Brugmansia*-Arten, S. 16.

Giftige Teile:
Alle Pflanzenteile, vorwiegend aber die Blüten, Samen und Blätter.

Giftige Wirkstoffe und Toxizität:
Tropan-Alkaloide wie Hyoscyamin (wird leicht in Atropin umgewandelt), Atropin und Scopolamin. Der Gesamtalkaloidgehalt beträgt in den Blüten und Samen etwa 0,6 %, in den Blättern 0,4 %. Starke Schwankungen u. a. in den Alkaloid-Arten: In älteren Pflanzen überwiegt der Hyoscyamin-Gehalt, in jüngeren der Scopolamin-Gehalt. Giftig wirken bereits ca. 0,3 g Pflanzenmaterial.

Symptome:
In 50-70 % der Vergiftungsfälle treten 15-30 Minuten nach Pflanzenaufnahme Symptome auf. Ansonsten ähnlich der Tollkirsche (zumindest bei älteren Pflanzen, s. o.): Gesichtsrötung, Pulsbeschleunigung, trockene Schleimhäute, Pupillenerweiterung, Halluzinationen und im Extremfall Atemlähmung. Überwiegt die Scopolaminwirkung (am ehesten nach der Aufnahme junger Pflanzenteile zu erwarten, s. o.), können Gesichtsrötung, Pulsbeschleunigung und Unruhe fehlen (ruhige Verlaufsform, s. auch Engelstrompete, *Brugmansia*).

✚ Erste Hilfe:
Ausspucken der Pflanzenteile und viel Flüssigkeit aufnehmen.

Hinweise:
Sofortige Arztvorstellung, evtl. Notarzt.

Familie: Stechhülsengewächse

⊕⊕ Stechpalme
Ilex aquifolium

Stechhülsen, Stecheiche-Hülse. Alle wild wachsenden Exemplare geschützt

Vorkommen:
Im westlichen Mitteleuropa in Laubwäldern, Gebüschen. Häufiger Zierstrauch in Gärten und Anlagen.

Beschreibung:
1 bis 6 m hoher, immergrüner Strauch oder Baum mit ledrig-starren Blättern, oberseits glänzend, ca. 6 cm lang, dornig berandet, an fruchtenden Zweigen glattrandig. Pflanze zweihäusig, männliche und weibliche Blüten auf getrennten Pflanzen, nur einige Zierformen einhäusig. Blüten unscheinbar, klein, weiß, gehäuft in den Blattachseln. Früchte korallenrote, erbsengroße Steinfrüchte mit 4-5 Samen. Blütezeit Mai-Juni. Fruchtreife ab September, Früchte auch im Winter am Strauch.

Ähnliche Vertreter:
Als Ziersträucher mit vielen Sorten, auch mit weiß gemusterten Blättern, mit gelben, schwarzen oder fehlenden Früchten. Verwechslungsgefahr evtl. mit Mahonie, *Mahonia aquifolium*: niedrigere Stäucher mit dornigen Blatträndern, gelben Blüten und blaubereiften Früchten in Trauben, kaum toxisch.

Giftige Teile:
Alle Teile, besonders aber die Blätter und Früchte.

Giftige Wirkstoffe und Toxizität:
Vorwiegend Amyrine (Triterpene). Nach der Aufnahme von mehr als 4 Früchten kann mit Vergiftungserscheinungen gerechnet werden. Nach älteren Angaben sollen für einen Erwachsenen 20-30 aufgenommene Früchte tödlich wirken!

108

109

Symptome:
In etwa 10 % der Vergiftungsfälle äußern sich Symptome als Bauchschmerzen, Erbrechen und Benommenheit. Zusätzlich können sich bei schweren Vergiftungen Herzrhythmusstörungen einstellen.

✚ Erste Hilfe:
Ausspucken der aufgenommenen Pflanzenteile und viel trinken.

Hinweise:
Da die Zweige mit den Früchten u. a. in dekorativem Weihnachtsschmuck enthalten sind, werden Kinder leicht zum Naschen verleitet. Auf jeden Fall Arztvorstellung.

Familie: Nachtschattengewächse

⊕⊕⊕ Tabak, Virginischer
Nicotiana tabacum

Vorkommen:
Kulturpflanze; Heimat Südamerika.

Beschreibung:
75-300 cm hohe, aufrechte, einjährige Pflanze mit ganzrandigen, wechselständigen Blättern, die unteren elliptisch, am Stängel herablaufend, die oberen lanzettlich, kurz gestielt. Alle grünen Pflanzenteile drüsig behaart. Blüten in Rispen angeordnet, rötlich, trichterig, ca. 5,5 cm lang aus dem Kelch herausragend, 5-zipfliger, flacher Saum. Frucht eine zugespitzte Kapsel. Blütezeit Juni-September.

Ähnliche Vertreter:
Viele Zierarten und Formen, selten holzig, mit gelben, rötlichen oder weißen Blüten. Unterschiedliche Giftgehalte; der Bauern-Tabak, *Nicotiana rustica,* kann bis zu 10 % Nikotin enthalten (s. u.).

Giftige Teile:
Alle Pflanzenteile, Alkaloidgehalt der Blätter (Trockensubstanz) zwischen 0,1 und 5 %. Reife Samen sind kaum toxisch.

Giftige Wirkstoffe und Toxizität:
Der Hauptwirkstoff ist das Alkaloid Nikotin, neben Anabasin u. a. Tödlich für den Erwachsenen sind 40-60 mg Nikotin (nach Aufnahme über den Mund). Diese Menge kann in 2 mittelschweren bzw. einer halben schweren Zigarre enthalten sein.

Symptome:
Diese treten meistens innerhalb einer Stunde mit Übelkeit, Erbrechen, Schwindel, Speichelfluss und Erregung auf. Bei schweren Vergiftungen können sich Schweißausbrüche, Leibschmerzen und Krämpfe einstellen. Im Extremfall Tod infolge Herzstillstand und Atemlähmung.
Nach häufigem Kontakt mit frischen, grünen Tabakblättern, z. B. berufsmäßig bei der Tabakernte, können Hautreizungen auftreten. Diese werden bei empfindlichen Personen auch nach Kontakt mit den zahlreichen Kultivaren (s. o.) beobachtet. Jedoch scheinen diese Hautreaktionen nicht durch Nikotin sondern andere im Tabak enthaltene Stoffe ausgelöst zu werden.

✚ Erste Hilfe:
Pflanzenteile aus dem Mund entfernen und reichlich trinken. Betroffene Hautpartien gründlich mit Wasser und Seife abwaschen.

Hinweise:
Schnellste Arzt- bzw. Hautarztvorstellung bei Symptomen. Auf die allgemeinen gesundheitlichen Gefahren des Rauchens wird hier nicht eingegangen. Zu beachten ist die Vergiftungsgefahr durch Rauchen bei offenen Wunden (z. B. nach einer Zahnbehandlung) und die bestehende Gefahr für Kleinkinder durch das Essen von Tabak aus Zigarettenschachteln und von nicht aufgerauchten Tabakwaren aus Aschenbechern.

Familie: Nachtschattengewächse

⊕⊕⊕ Tollkirsche

Atropa bella-donna

Teufelskirsche; Wutbeere; Schlafkirsche; Irrbeere, Schminkbeere

Vorkommen:
Bergwälder, Kahlschläge, Wegränder, auf Schuttstellen, in vernachlässigten Gärten bei Versamung durch Vögel. In Norddeutschland selten.

Beschreibung:
0,5 bis 1,5 m hohe Staude, an der Basis zuweilen holzig, mit verzweigten, drüsenhaarigen Stängeln. Blätter wechselständig, bis 10 cm lang, ungeteilt, lanzettlich, mit glattem Rand. Blüten an 2 cm langen Stielen, glockig, nickend, 5-zipflig, braunviolett, 4 cm lang. Frucht eine saftige, blauschwarze, glänzende Beere (kirschenähnlich), von einem 5-zipfligen Kelch umgeben. Blütezeit Juni-September; Fruchtzeit Juli-Oktober.

Giftige Teile:
Alle Pflanzenteile, besonders aber die Samen der Früchte mit ca. 1,0% Gesamtalkaloid.

Giftige Wirkstoffe und Toxizität:
Tropan-Alkaloide wie Hyoscyamin (wird leicht in Atropin umgewandelt), Atropin und Scopolamin. Bei Erwachsenen können 10-20 Früchte, bei Kindern 3-5 Früchte tödlich wirken.

Symptome:
Beginnend 15-30 Minuten nach Pflanzenaufnahme mit heißer Haut, Gesichtsrötung, trockenen Schleimhäuten, Pulsbeschleunigung und Pupillenerweiterung. Es können Erregung, Halluzinationen, Tobsuchtsanfälle, Krämpfe und Atemlähmung folgen.

+ Erste Hilfe:
Ausspucken der Pflanzenteile, viel trinken.

Hinweise:
Sofortige Arztvorstellung, evtl. Notarzt.

Ähnliche Vertreter:
Viele Sorten in unterschiedlichen Höhen, Blütenfarben und Blütenblatträndern, auch gefüllte Formen.

Giftige Teile:
Alle Pflanzenteile, also auch die Zwiebel.

Giftige Wirkstoffe und Toxizität:
Vorwiegend Tuliposide (dazu zählen u. a. verschiedene Tulipaline). Starke Schwankungen im Giftgehalt und in der Zusammensetzung bei den einzelnen Arten und Sorten. Prinzipiell eine Abnahme des Tuliposid-Gehalts von der Blüte zur Zwiebel. Vergiftungserscheinungen treten nach Aufnahme von mehr als etwa 4 Zwiebeln oder Blüten auf.

Familie: Liliengewächse

⊕ Tulpe

Tulipa spp.

Alle wild wachsenden Exemplare sind geschützt

Vorkommen:
Gattung mit 100 Arten, von denen die meisten vom Mittelmeerraum bis Asien beheimatet sind und auf trockenen Standorten von Steppen- bis Gebirgsregionen vorkommen. Häufige Zierpflanze.

Beschreibung:
Zwiebelpflanze, zwischen 10 und 75 cm hoch, mit breit eiförmigen bis linealen Blättern, grundständig, aber auch Formen mit beblätterten Stängeln. Aufrechte, endständige, 6-blättrige Blütenbecher, 6-8 cm lang. Blütezeit vom zeitigen bis späten Frühjahr.

Symptome:
Etwa die Hälfte der Vergiftungsfälle ereignen sich durch die Aufnahme der Zwiebeln und äußern sich in Übelkeit, Erbrechen, Durchfall und Apathie. Auch die Aufnahme der anderen Pflanzenteile führt zu diesen Symptomen. Besonders gefährdet sind Menschen, die ständigen Kontakt mit Tulpen (besonders mit Zwiebeln) haben. Bei diesen Personen kann die sogenannte „Tulpenkrätze" auftreten, die sich in geröteter, geschwollener und aufgerissener Haut äußert. Auch Brüche der Fingernägel werden beobachtet.

✚ Erste Hilfe:
Entfernen der Pflanzenteile aus dem Mund und reichlich trinken. Stets sorgfältiges Händewaschen nach der Arbeit.

Hinweise:
Bei Symptomen Arztvorstellung. Die Tulpenkrätze erfordert spezielle Behandlung durch den Hautarzt.

Familie: Doldengewächse

⊕⊕⊕ Wasserschierling

Cicuta virosa

Wüterich, Kuhtod, Sumpfgift

Vorkommen:
Sümpfe, Teichränder, Gräben, auch an Gartenteichen möglich. Im Gebirge fehlend.

Beschreibung:
Ausdauernde, 30-120 cm hohe, aufrechte Pflanze, kahl, mit unangenehmem Geruch. Wurzelstock dickfleischig, quergekammert. Blätter 2-3-fach fiederteilig, Blättchen lineal-lanzettlich, Blattrand gesägt. Kleine, weißliche Blüten in zusammengesetzten Dolden. Hüllblätter fehlend, 3 oder mehr Hüllchenblätter am Grunde der Döldchen. Früchte braun-gelb, dunkel gestreift, 2 mm lang, 3 mm breit. Blütezeit Juli-August.

Ähnliche Vertreter:
Viele Doldenblütengewächse, von denen sich der Wasserschierling besonders durch den quergekammerten Wurzelstock und die Blattform unterscheidet.

Giftige Teile:
Alle Pflanzenteile, besonders aber der Saft des Wurzelstockes.

Giftige Wirkstoffe und Toxizität:
Vorwiegend das Cicutoxin (ein Polyin). Tödlich können bereits 2-3 g des zerkauten, frischen Wurzelstocks sein, trockene Pflanzenteile sind geringer giftig.

Symptome:
Etwa 30 Minuten bis zu 2 Stunden nach der Pflanzenaufnahme: zunächst Brennen der Mund- und Rachenschleimhaut, dann länger anhaltendes Erbrechen, Tobsuchtsanfälle und Krämpfe. Letztlich ist Atemstillstand möglich.

✚ Erste Hilfe:
Entfernen der Pflanzenteile aus dem Mund und viel Flüssigkeit verabreichen.

Hinweise:
Obwohl Vergiftungen aufgrund des Standortes und der Unscheinbarkeit der Pflanze selten sind (optisch nur interessanter Wurzelstock, besonders der aufgeschnittene), in Anbetracht der Schwere der Vergiftungserscheinungen sofortige Arztvorstellung bzw. Notarzt.

⊕⊕ Wolfsmilch, Kreuzblättrige

Euphorbia lathyris

Springwolfsmilch

Vorkommen:
Früher in Gärten gepflanzt und verwildert. Heimat östliches Mittelmeer, Westasien. Pflanze gilt wegen des Geruchs als Vertreiber für Wühlmäuse und Maulwürfe und ist deshalb häufig in Gärten zu finden.

Beschreibung:
20-100 cm hohe, aufrechte, unverzweigte, zweijährige Pflanze mit blaugrünen, ca. 10 cm langen, riemenförmigen Blättern, die sich in 4 Reihen am Stängel kreuzweise gegenüberstehen. Pflanze in allen Teilen mit weißem Milchsaft. Blüten unscheinbar, umgeben von 2 dreieckigen, grünen Hochblättern. Blüten in endständigen, 2-4-strahligen Scheindolden. Früchte 3-fächrige Kapseln mit 3 Samen, kapernähnliche Form, besonders im unreifen Zustand. Blütezeit Juni-August.

117

118

Ähnliche Vertreter:
Alle Wolfsmilch-Arten mit Milchsaft, toxikologisch ähnlich. Auch in Gärten W.-Arten als Unkräuter neben kultivierten Zierpflanzen, sowohl 1-jährige, 2-jährige als auch ausdauernde. Im Aussehen starke Unterschiede.

Giftige Teile:
Alle Pflanzenteile, besonders der weiße Milchsaft.

Giftige Wirkstoffe und Toxizität:
Vorwiegend Terpene (Diterpene) wie Phorbolester und Ingenole. Starke Schwankungen im giftigen Wirkstoffgehalt in Abhängigkeit von der Jahreszeit und dem Pflanzenalter. So ist der Milchsaft 2-jähriger Pflanzen entschieden giftiger als der von 1-jährigen.

Symptome:
Diese werden insgesamt in etwa 40 % der Vergiftungsfälle beobachtet. Nach Pflanzenaufnahme Schleimhautreizung in Mund, Rachen und Magen. Später Erbrechen, Magenkrämpfe und Kreislaufprobleme möglich. Am häufigsten treten aber Einwirkungen – besonders durch den Milchsaft – auf die Haut ein. Schwellungen und mehr oder weniger starke Blasenbildung sind die Folge. Gelangt der Milchsaft ins Auge, kann es zu Hornhaut- und Bindehautentzündungen kommen.

✚ Erste Hilfe:
Entfernen der Pflanzenteile aus dem Mund und viel trinken. Betroffene Hautpartien gründlich mit fließendem Wasser waschen. Die Augen bei geöffnetem Lid unter fließendem Wasser ausspülen.

Hinweise:
Selbst von Kindern werden wegen des unangenehmen Geschmacks selten Pflanzenteile aufgenommen. Häufiger erfolgt schon beim Spielen mit der Pflanze ein Beschmieren von Haut und Augen mit dem Milchsaft. Sicherheitshalber generell nach Pflanzenaufnahme/Milchsaftkontakt Arzt-, Hautarzt- oder Augenarztvorstellung.

Familie: Kürbisgewächse

⊕⊕ Zaunrübe, Rote
Bryonia dioica

Gichtrübe

Vorkommen:
Auf Schuttplätzen, an Zäunen, Mauern, in Hecken.

Beschreibung:
Über 3 m lange, mit schraubigen Ranken klimmende Stängel. Gesamte Pflanze rauh. Blätter 5-lappig, gestielt. Blüten gelblichweiß, in traubigen Büscheln, eingeschlechtig, männliche und weibliche auf getrennten Pflanzen. Früchte rote, erbsengroße Beeren. Wurzel rübenartig, querrunzlig, außen grau, innen weiß, mit Milchsaft, sehr groß. Blütezeit April-Juli, Fruchtreife August.

Ähnliche Vertreter:
Die Weiße Zaunrübe, *B. alba*, hat schwarze Beeren, ist jedoch seltener zu finden.

Giftige Teile:
Alle Pflanzenteile, besonders die Wurzel und die Beeren mit den Samen.

Giftige Wirkstoffe und Toxizität:
Vorwiegend Cucurbitacine (Triterpene) wie Bryonosid und Bryosid. Mit Giftwirkung ist ab der Aufnahme von 5 Beeren zu rechnen. Reife Früchte besitzen einen höheren giftigen Wirkstoffgehalt als unreife!

Symptome:
In 15 % der Vergiftungsfälle Symptome. Aufgenommene Pflanzenteile führen zu Schleimhautreizungen in Mund, Rachen und Magen sowie zu Erbrechen und starken Durchfällen. Auch Krämpfe sind möglich. Gelangt frischer Pflanzensaft auf die Haut, treten Rötung und Blasenbildung auf.

✚ Erste Hilfe:
Entfernen der Pflanzenteile aus dem Mund und reichlich Flüssigkeit verabreichen. Gründliches Abwaschen der betroffenen Hautpartien.

Hinweise:
Trotz des scharfen Geschmacks der Beeren werden diese von Kindern gegessen. In Anbetracht der zu erwartenden Symptome Arzt- bzw. Hautarztvorstellung.

Literaturhinweise

- Brickell, Ch./Barthlott, W.: Dumont's Große Pflanzen-Enzyklopädie A-Z. DuMont Buchverlag, Köln 1999

- Buff, W., und Mitarb.: Giftpflanzen in Natur und Garten. Verlag Paul Parey, Berlin 1988

- Bundesanzeiger, Jg. 52 Nr. 86, S. 8517, 06.05.2000: Bekanntmachung einer Liste giftiger Pflanzenarten v. 17.04.2000.

- Eiselt, M. G. und Mitarb.: Laubgehölze. Neumann Verlag, Leipzig, Radebeul 1977

- Fitschen, J.: Gehölzflora. Quelle & Meyer Verlag, Heidelberg, Wiesbaden 1994

- Frohne, D. und Mitarb.: Giftpflanzen. Ein Handbuch für Apotheker, Ärzte, Toxikologen und Biologen. Wiss. Verlagsgesellschaft, Stuttgart 1997

- Gessner, O. und Mitarb.: Gift- und Arzneipflanzen von Mitteleuropa. C. Winter Universitätsverlag, Heidelberg 1974

- Gloxhuber, Chr. und Mitarb.: Toxikologie. G. Thieme Verlag, Stuttgart, New York 1994

- Hahn, A. und Mitarb.: Giftige Pflanzen im Garten, in Parkanlagen und in freier Natur. Informationen zu Giftpflanzen und zur Auswahl geeigneter Pflanzen für Kinderspielplätze. Bundesgesundheitsbl. Gesundheitsforsch. Gesundheitsschutz 43, 541-548, Springer-Verl. 2000

- Hiller, K. und Mitarb.: Giftpflanzen. Urania Verlag, Leipzig, Jena, Berlin 1988

- Krüssmann, G: Handbuch der Laubgehölze. 3 Bände. Verlag, Paul Parey, Berlin und Hamburg 1976

- Krüssmann, G.: Handbuch der Nadelgehölze. Verlag Paul Parey,. Berlin und Hamburg 1983

- Köhlein, F. und Mitarb.: Das große Ulmerbuch der Gartenpflanzen, Stauden, Sommerblumen, Ziergehölze. Ulmer Verlag, Stuttgart 2000

- Liebenow, H. und Mitarb.: Giftpflanzen. Gustav Fischer Verlag, Jena, Stuttgart 1993

- Ludewig, R. und Mitarb.: Akute Vergiftungen. Ratgeber zu Erkennung, Verlauf, Behandlung und Verhütung toxikologischer Notfälle. Wiss. Verlagsgesellschaft, Stuttgart 1999

- von Mühlendahl K.E., und Mitarb.: Vergiftungen im Kindesalter. F. Enke Verlag, Stuttgart 1995

- Roth, L. und Mitarb.: Giftpflanzen, Pflanzengifte. Vorkommen, Wirkung, Therapie. Ecomed Verlagsgesellschaft, GmbH, Landsberg, München 1988

- Rothmaler, W.: Exkursionsflora von Deutschland. Band 2. Gefäßpflanzen. Grundband. Spektrum Akademischer Verlag, Heidelberg, Berlin 1999

Sachwort-verzeichnis

Verzeichnis der deutschen und wissenschaftlichen Pflanzennamen

Nur die mit Kreuzen markierten Pflanzen sind im Text ausführlich beschrieben. (Die Anzahl der Kreuze zeigt die Giftigkeit der Pflanze an, s. S. 6). Namen ohne Kreuze sind im Text erwähnt, s. a. S. 11.

Auswahl geeigneter Pflanzen für Anlagen (Kinderspielplätze)

1. Holzige Pflanzen
Apfel-Arten *Malus* spp.
Apfelbeere-Arten *Aronia* x *prunifolia, A.arbutifolia*
Birke-Arten *Betula pendula, B. nana*
Brombeere, unbedornte Arten *Rubus odoratus,* R."Benenden"
Erika-Arten *Erica carnea, E.cinerea, E.vagans*
Erle Arten *Alnus glutinosa, A.incana*
Esche-Arten *Fraxinus excelsior, F.ornus*
Fichte-Arten *Picea abies, P.pungens*
Fiederspiere *Sorbaria sorbifolia*
Fingerstrauch *Potentilla fruticosa*
Flieder *Syringa* spp.
Forsythie *Forsythia intermedia*
Hainbuche *Carpinus betulus*
Haselnuss-Arten *Corylus avellana, C.colurna*
Heidekraut *Calluna vulgaris*
Hortensie-Arten *Hydrangea macrophylla, H.paniculata*
Jasmin, Echter *Jasminum nudiflorum*
Johannisbeere-Arten *Ribes* spp.
Kerrie *Kerria japonica*
Kiefer-Arten *Pinus* spp.
Kornelkirsche *Cornus mas*
Lavendel *Lavandula* spp.
Linde-Arten *Tilia* spp.
Magnolie-Arten *Magnolia* spp.
Mandelbaum-Arten *Prunus tenella, P.triloba P.glandulosa*
Maulbeerbaum-Arten *Morus alba, M.nigra*
Pappel-Arten *Populus* spp.
Pfeifenstrauch-Arten *Philadelphus* spp.
Schneeball nicht fruchtende Art *Viburnum macrocephalum*
Schneeflockenstrauch *Chionanthus retusus*
Sonnenröschen *Helianthemum nummularium* spp.

Spierstrauch-Arten *Spiraea* spp.
Tamariske *Tamarix* spp.
Thymian-Arten *Thymus* spp.
Ulme-Arten *Ulmus glabra, U.parviflora, U.minor*
Weide-Arten *Salix* spp.
Weigelie-Arten *Weigelia florida*
Zaubernuss-Arten *Hamamelis* spp.

2. Kräuter (Stauden)
Aster-Arten *Aster* spp.
Eibisch, Echter *Althaea officinalis*
Fetthenne-Arten *Sedum* spp.
Fingerkraut-Arten *Potentilla alba, P.erecta*
Flockenblume-Arten *Centaurea montana, C.macrocephala*
Frauenmantel *Alchemilla* spp.
Glockenblume-Arten *Campanula* spp.
Grasnelke-Arten *Armeria* spp.
Günsel-Arten *Ajuga pyramidalis, A.genevensis*
Hornkraut *Cerastium tomentosum*
Hornveilchen *Viola cornuta*
Hundskamille-Arten *Anthemis nobilis, A.puncatata, A.tinctoria*
Lungenkraut-Arten *Pulmonaria* spp.
Nelke-Arten *Dianthus* spp.
Nelkenwurz-Arten *Geum coccineum, G.reptans*
Pfeifengras *Molinia* spp.
Pfingstrose-Arten *Paeonia* spp.
Schafgarbe-Arten *Achillea* spp.
Sonnenhut-Arten *Rudbeckia* spp.
Sonnenblumen-Arten *Helianthus* spp.
Steinkraut-Arten *Alyssum montanum, Alyssum saxatilis*
Stockrose *Alcea rosea*
Storchenschnabel-Arten *Geranium* spp.
Strohblume *Helichrysum splendidum*
Veilchen *Viola odorata*

Meldeformular

Bundesinstitut für gesundheitlichen Verbraucherschutz und Veterinärmedizin Berlin
– Zentrale Erfassungsstelle für Vergiftungen, gefährliche Stoffe und Zubereitungen, Umweltmedizin –
Telefon 030-84123915 Fax 030-84123929

Bundesinstitut für gesundheitlichen
Verbraucherschutz und Veterinärmedizin

Zentrale Erfassungsstelle für Vergiftungen,
gefährliche Stoffe und Zubereitungen,
Umweltmedizin
Postfach 330013
14191 Berlin

Stempel, Telefon-Nummer und Unterschrift des Arztes

Mitteilung bei Vergiftungen
(nach § 16e Abs. 2 des Chemikaliengesetzes)

1. Angaben zur/zum Patientin/en:

Alter: .... Jahre, ... Monate (bei Kindern unter 3 Jahren)

Geschlecht: ❑ männlich ❑ weiblich **Schwangerschaft** ❑ Ja ❑ Nein
(Freiwillig auszufüllen)

2. ❑ **Vergiftung** ❑ **Verdacht**

Name des Produktes oder des Stoffes, aufgenommene Menge, Hersteller; ggf. vermutete Ursache
1.
2.
3.

3. Exposition ❑ akut ❑ chronisch
❑ oral ❑ inhalativ ❑ Haut ❑ Auge ❑ Sonstiges, welche?

Art der Vergiftung: ❑ Unfall ❑ gewerblich ❑ Umwelt ❑ Verwechslung
❑ suizidale Handlung ❑ Abusus ❑ Sonstiges

Ort: ❑ Haus ❑ Arbeitsplatz ❑ Schule ❑ Kindergarten ❑ im Freien ❑ Sonstiges

Labor-Nachweis: ❑ Ja ❑ Nein

Behandlung: ❑ keine ❑ ambulant ❑ stationär

Verlauf: ❑ vollständige Heilung ❑ nicht bekannt
❑ Defektheilung ❑ Spätschäden nicht auszuschließen ❑ Tod

Freiwillig auszufüllen

bgw 16 (08.96)

Bitte wenden!

4. Symptome, Verlauf *(stichwortartig)*
(ggf. anonymisierte Befunde, Epikrise beilegen)

Verzeichnis der Giftinformations-zentren

Geplant ist ein bundeseinheitlicher Giftnotruf:
VORWAHL +19240 Stand: November 2001

Berlin
Beratungsstelle für Vergiftungserscheinungen und Embryonaltoxikologie
Spandauer Damm 130, Haus X
14050 Berlin, Tel.: 030 19240

Charité-Campus-Virchow-Klinikum
Med. Fakultät der Humboldt-Universität zu Berlin, Abt. Innere Medizin mit Schwerpunkt Nephrologie und Intensivmedizin
Augustenburger Platz 1
13353 Berlin, Tel.: 030 450-53555

Bonn
Informationszentrale gegen Vergiftungen
Zentrum für Kinderheilkunde der Rheinischen Friedrich-Wilhelms-Universität Bonn
Adenauerallee 119
53113 Bonn, Tel.: 0228 19240

Erfurt
Gemeinsames Giftinformationszentrum der Länder Mecklenburg-Vorpommern, Sachsen, Sachsen-Anhalt und Thüringen
c/o Klinikum Erfurt
Nordhäuser Str. 74
99089 Erfurt, Tel.: 0361 730-730

Freiburg
Informationszentrale für Vergiftungen
Universitätskinderklinik Freiburg
Mathildenstr.1
79106 Freiburg, Tel.: 0761 19240

Göttingen
Giftinformationszentrum Nord der Länder Bremen, Hamburg, Niedersachsen und Schleswig-Holstein, Zentrum f. Pharmakologie und Toxikologie der Universität Göttingen
Robert-Koch-Str. 40
37075 Göttingen, Tel.: 0551 19240

Homburg
Informations- u. Behandlungszentrum für Vergiftungen
Universitätsklinik für Kinder- und Jugendmedizin Gebäude 9
66421 Homburg /Saar, Tel.: 06841 19240

Mainz
Beratungsstelle bei Vergiftungen
Klinische Toxikologie der II Med. Klinik der Universität Mainz
Langenbeckstr. 1
55101 Mainz, Tel.: 06131 19240

München
Giftnotruf München
Toxikolog. Abt. der II. Med. Klinik rechts der Isar der Technischen Univ. München
Ismaninger Str. 22
81675 München, Tel.: 089 19240

Nürnberg
2. Med. Klinik
Klinikum Nürnberg Nord
Toxikologische Intensivstation
Giftinformationszentrale
Prof.-Ernst-Nathan-Str. 1
90419 Nürnberg, Tel.: 0911 3982451

Wien
Vergiftungsinformationszentrale Wien
Allgemeines Krankenhaus
Währinger Gürtel 18-20
1090 WIEN, ÖSTERREICH, Tel.: 01 406-4343

Zürich
Schweizerisches Toxikologisches Informationszentrum, Freiestrasse 16
8028 ZÜRICH, SCHWEIZ,
Notfall-Tel.: 01 2515151

Küchenkräuter und Gewürze

Kräuter und Gewürze machen das Essen bekömmlicher, appetitlicher und abwechslungsreicher. Ihre besonderen Inhaltsstoffe wie ätherische Öle, Harze, Bitterstoffe, organische Säuren, Phytohormone und andere tragen zu einer ausgewogenen Ernährung bei und steigern unser Wohlbefinden. Von Anis bis Zwiebel beschreibt das aid-Heft „Küchenkräuter und Gewürze" rund 50 Kräuter und Gewürze mit Hinweisen auf Geschmack und Verwendung sowie Ratschlägen für die Anzucht und Pflege von Kräutern im eigenen Garten und Tipps für die Aufbewahrung und Konservierung im Haushalt.

Bestell-Nr. 5-1372
Heft, 64 Seiten, € 2,50

Gemüse

Je frischer ein Gemüse, um so höher ist sein Vitamingehalt. Wie frisches Gemüse beim Einkauf zu erkennen ist und worauf sonst noch zu achten ist, vermittelt das aid-Heft „Gemüse". Hervorzuheben ist die warenkundliche Beschreibung von über 50 Gemüsearten von Artischocken bis Zwiebeln. Darüber hinaus werden die wichtigsten Kulturspeisepilze und Wildgemüsearten vorgestellt. Ernährungsphysiologische Hinweise fehlen ebenso wenig wie Tipps für die Vor- und Zubereitung. Ausführlich behandelt wird der Verbraucherschutz sowie die EG-Vermarktungsnormen. Eine umfangreiche Nährwerttabelle rundet die 56-seitige, farbig bebilderte Informationsschrift ab.

Bestell-Nr. 5-1024
Heft, 56 Seiten, € 2,50

aid

Handelsklassen für Speisekartoffeln

Die Verordnung über gesetzliche Handelsklassen für Speisekartoffeln bietet Verbrauchern, dem Handel und Erzeugern gleichermaßen viele Vorteile. Die Verbraucher erhalten Informationen über Qualitäts- und Verwendungseigenschaften der Ware, wodurch die Marktübersicht erleichtert wird. Der Handel erhält warenbezogene Bewertungskriterien, die ihm risikofreie Käufe auch ohne vorherige Warenbesichtigung ermöglichen. Der Erzeuger kann seine Ware leichter absetzen, wenn er die Hinweise zur Qualitätserzeugung beachtet. Das neu aufgelegte und völlig überarbeitete aid-Heft „Handelsklassen für Speisekartoffeln" gibt einen anschaulichen Überblick über den Verordnungstext.

Bestell-Nr. 5-1251
Heft, 40 Seiten, € 2,00

Exoten und Zitrusfrüchte

Seit vielen Jahren gehören Exoten und Südfrüchte zum gewohnten Bild eines jeden Obststandes. Bananen, Zitrusfrüchte, Ananas oder getrocknete Feigen und Datteln sind alte Bekannte, die kaum noch als exotische Früchte wahrgenommen werden. In den letzten Jahren sind jedoch viele andere Produkte hinzugekommen, deren klangvolle Namen Erinnerungen an Urlaubsreisen in ferne Länder wecken. Viele Verbraucher stehen jedoch den Auslagen mit Bezeichnungen wie Cherimoya, Durianfrucht, Nashi oder Papaya usw. mit einer gewissen Skepsis gegenüber, weil sie über deren Behandlung oder Verwendbarkeit und Geschmack im unklaren sind. Das aid-Heft „Exoten und Zitrusfrüchte" soll dies ändern. Nach einem Überblick über die ernährungsphysiologische Bedeutung der Südfrüchte schließt sich im Hauptteil eine Art Lexikon an, in dem die Früchte in alphabetischer Folge mit Anregungen für ihre vielfältigen Verwendungsmöglichkeiten und die Behandlung der Früchte beschrieben werden. Aspekte des Verbraucherschutzes und Bemerkungen über Angebotszeiten und Lagertemperaturen runden die Informationschrift ab.

Bestell-Nr. 5-1281, Heft, 52 Seiten, € 2,50

Bestellung

aus Deutschland: aid-Vertrieb DVG, Birkenmaarstraße 8, 53340 Meckenheim,
Telefon: 02225 926-146 und 02225 926-176, Telefax: 02225 926-118, E-Mail: Bestellung@aid.de
aus Österreich und Südtirol: ÖAV, Achauerstraße 49 a, 2335 LEOPOLDSDORF, ÖSTERREICH,
Telefon: 02235 929-441, Telefax: 02235 929-459, E-Mail: buch@agrarverlag.at

Kundennummer (falls vorhanden) ______________________________

Name ______________________________

Firma ______________________________

Straße ______________________________

PLZ/Ort ______________________________

Telefon __________ Telefax __________ E-Mail __________

Ich (Wir) bestelle(n) für einen **Mindest-Auftragswert von 8,00 €** zuzüglich Porto und Verpackung gegen Rechnung (Angebotsstand: Dezember 2001):

Best.-Nr.	Titel	Medium	Anzahl	Einzel-preis €	Gesamt-preis €
5-1372	Küchenkräuter und Gewürze	Heft		2,50	
5-1024	Gemüse	Heft		2,50	
5-1251	Handelsklassen für Speisekartoffeln	Heft		2,00	
5-1281	Exoten und Zitrusfrüchte	Heft		2,50	
5-8893	Obstbaumschnitt im Kleingarten	Video		18,00	
5-8413	Obst und Gemüse aus dem eigenen Garten	Video		15,50	
5-8420	Kräuter aus dem eigenen Garten	Video		15,50	
5-3694	Gemüse und Kartoffeln	CD-ROM		26,00	
5-9999	aid-Bestell-Verzeichnis (erscheint monatl.)	Heft		0,00	0,00
5-3264	aid-Medienkatalog (erscheint jährl.)	Heft		0,00	0,00
5-3750	aid-Medienkatalog interaktiv (erscheint jährl.)	CD-ROM		0,00	0,00
5-3797	Allgemeine Geschäftsbedingungen	Faltblatt		0,00	0,00
					Auftragswert

Bestellungen erfolgen ausschließlich unter Einbeziehung unserer Allgemeinen Geschäftsbedingungen. Dem Besteller steht im Rahmen der gesetzlichen Vorschriften ein Widerrufsrecht zu. Der Widerruf muss keine Begründung enthalten und schriftlich, auf einem anderen dauerhaften Datenträger oder durch Rücksendung der Bestellung spätestens innerhalb von zwei Wochen ab Erhalt der Bestellung erfolgen; zur Fristwahrung genügt die rechtzeitige Absendung. Ab einem Bestellwert von mehr als 40,00 € tragen wir die Kosten der Rücksendung. Die Allgemeinen Geschäftsbedingungen des aid können Sie kostenlos beim aid anfordern oder im Internet-Angebot des aid unter www.aid-Medienshop.de nachlesen. Für Österreich und Südtirol gelten gesonderte Lieferbedingungen.

Datum __________ Unterschrift __________